技工院校通用职业素质课程实验

自主学习教案汇编

主　编　朱　漫　董　浩
参　编　李志梅　贺红慧　曾译玮　张　立
代　玺　张清梅　涂钊榕　所　妍
应　康　王　鑫　何　芳　陈　波
杨小平　罗家慧　阚元华

中国劳动社会保障出版社

简介

本教案汇编是技工院校通用职业素质课程实验教材《自主学习》的配套用书。本书紧扣教学要求，内容编制依照教材单元顺序展开，单元中的每一课有1个或多个教案供教师参考。

本书由朱漫、董浩主编，李志梅、贺红慧、曾译玮、张立、代玺、张清梅、涂钊榕、所妍、应康、王鑫、何芳、陈波、杨小平、罗家慧、阚元华参加编写。

图书在版编目(CIP)数据

自主学习教案汇编/朱漫，董浩主编. -- 北京：中国劳动社会保障出版社，2020
ISBN 978-7-5167-4407-9

Ⅰ. ①自… Ⅱ. ①朱… ②董… Ⅲ. ①教案（教育）-汇编-技工学校 Ⅳ. ①G718.1

中国版本图书馆 CIP 数据核字(2020)第 049561 号

中国劳动社会保障出版社出版发行

（北京市惠新东街 1 号　邮政编码：100029）

*

北京虎彩文化传播有限公司印刷装订　　新华书店经销

787 毫米×1092 毫米　16 开本　8.5 印张　154 千字

2020 年 7 月第 1 版　　2022 年 1 月第 3 次印刷

定价：25.00 元

读者服务部电话：（010）64929211/84209101/64921644

营销中心电话：（010）64962347

出版社网址：http://www.class.com.cn

http://jg.class.com.cn

目　录

第一单元　开启自主学习的旅程

第一课　唤醒自主学习的意识

教学设计1

深圳技师学院　李志梅

教学单元/课	第一单元/第一课	课时	2
教学内容	1. 学习与自主学习 2. 如何做到自主学习		
学情分析	多数新生在初、高中阶段都是在老师带领下学习，对于学习的意义及自主决定学习目标、学习内容等学习意识较为薄弱。因此，如何激发学生的学习兴趣，唤醒自主学习意识，懂得终身学习的重要性，成为技工院校对学生素质培养尤为重要的第一课。通过本课的学习，使学生能形成自主学习的意识，帮助其在校知识与技能的学习，以及职业素质的养成		
一、教学目标			
通用职业知识目标： 1. 知晓学习及自主学习对于自身的意义 2. 理解自主学习各环节要素 **通用职业能力目标：** 1. 能按照自主学习环节完成学习任务的设计 2. 懂得如何进行自主学习 3. 学会自律，能采用多种策略检测学习效果 **情感态度价值观目标：** 理解个人生命及价值，树立自主意识，积极进取。建立个人关切与社会进步、祖国发展的情感联结 **职业基本意识目标：** 形成自主学习意识，建立较强的责任意识和自我约束、自我管理意识			

续表

<table>
<tr><td colspan="6">二、重难点分析</td></tr>
<tr><td colspan="6">教学重点：理解并掌握自主学习各环节
重点突破策略：自主学习既是一种学习方式，也是自身需具备的学习能力，学生对自主学习的含义及其各环节并不清晰，采用活动导向、任务引领的教学方法，让学生在真实场景中完成任务，体会自主学习需经历的各个环节，懂得自主学习对于提升个人学习能力的重要性
教学难点：如何做到自主学习
难点化解策略：通过案例学习、播放视频“棉花糖实验”，引导学生进行讨论交流，了解明确目标、自律的重要性，并懂得采用延迟满足等策略养成自律习惯</td></tr>
<tr><td colspan="6">三、学习资源</td></tr>
<tr><td colspan="6">视频资料：1. 贵州“数博会”马云演讲
2. “棉花糖实验”
教具准备：多媒体计算机、大白纸、马克笔 5 支</td></tr>
<tr><td colspan="6">四、教学实施过程</td></tr>
<tr><td colspan="2">教学环节（时间）</td><td>学习内容</td><td>师生活动</td><td>教学手段</td><td>教学方法</td></tr>
<tr><td colspan="2">课前</td><td>学习对于自身的意义</td><td>完成翻转课堂训练</td><td>借助案例与思考题，使学生初步感知学习的重要</td><td>翻转课堂法</td></tr>
<tr><td rowspan="2">课中</td><td>导入（8 分钟）</td><td>理解学习对于个人生活的意义</td><td>讨论：1. 学习生活中总有几段记忆深刻的事，分享自己在学习中比较开心、有成就感的事
2. 共同归纳学习对于我们的意义：学习是人生成功的基础，学习提供我们更多自由选择的权利，学习也是自身发展的前提等</td><td>借助分享生活中学习获得成就感的事例，打开学生表达的束缚，活跃思路</td><td>讨论法</td></tr>
<tr><td>教授新课（70 分钟）</td><td>自主学习的重要性</td><td>1. 为什么要自主学习。播放贵州“数博会”马云演讲视频，说说马云对未来 20 年的职业、个人素养有哪些发展趋势的判断。进一步思考：如何面对未来的变化？答案仍是学习，主动地进行自主学习
2. 依次讨论本课翻转课堂的问题，分析李明、王浩学习上造成差异的原因，指出随着社会的进步，个人、社会对自主学习的要求会越来越强烈</td><td>通过对案例、视频的分析、讨论，让学生明晰自主学习是面对未来变化必须掌握的能力</td><td>讨论法、案例法</td></tr>
</table>

续表

教学环节（时间）		学习内容	师生活动	教学手段	教学方法
课中	教授新课（70分钟）	何谓自主学习？	1. 小组活动任务：从“我的成长”“我的家乡”等题目中任选一个为题，自定主题，制作动画或视频作品。时间在5分钟左右 2. 讨论完成该任务需经历哪些环节？有哪些问题需要解决？如何解决？ 教师关注各小组的讨论，并根据小组讨论情况选取小组上台介绍本组讨论内容。小组成员介绍后，其他小组进行提问、点评，明确完成此任务需解决哪些问题及解决的办法 3. 师生共同归纳自主学习需关注的环节：确定学习目标、制订学习计划、选择学习方法、利用学习资源、监控学习过程、评价学习结果	设计此项活动任务的目的是使学生理解自主学习的意义，为达到目的，首先可让学生清楚此活动需完成的任务和汇报展示的要求，其次可充分发挥学生的自主性，即自选主题，自主拟定各环节及任务分工，自己解决遇到的问题等	讨论法、实践法
		如何做到坚持自主学习？	（一）珍视期望，明确学习目标 1. 案例讨论：请问你会增加一个什么评判标准？并说明你的理由。林荣给出答案后是如何做的，对这个问题的思考给了他哪些方面的帮助 2. 列出各人想到的评判标准，并适当归纳。小结：要做到自主学习，首先要明白自己想要什么。明确的目标犹如方向标，能帮助我们找到学习的方向 3. 学生活动：将自己本学期学习目标写在书上	通过对案例的讨论，使学生理解明确的学习目标是坚持自主学习的必备条件	案例法、讨论法

续表

<table>
<tr><th colspan="2">教学环节（时间）</th><th>学习内容</th><th>师生活动</th><th>教学手段</th><th>教学方法</th></tr>
<tr><td rowspan="3">课中</td><td rowspan="2">教授新课（70分钟）</td><td rowspan="2">如何做到坚持自主学习？</td><td>（二）学会自律
1. 提问：学习中我们许多人是有学习目标的，为什么有些同学能坚持按计划学习，有些却不能，最大的困难是什么？
明确：提出“自律”这一关键词
2. 播放视频“棉花糖实验”，猜一猜在这个实验中，哪些孩子可以坚持，在规定的时间拿到奖励，哪些孩子不能做到，为什么？
理解何谓自律，明确自律的核心，就是学习自我照顾，承认自我价值的重要性
3. 分享、交流自律的策略——设立“冷却时间”，10 分钟后再做决定</td><td>通过播放视频，使学生理解自律的重要，以及做到自律的方法</td><td>讨论法</td></tr>
<tr><td>（三）调控过程
1. 交流分享案例和自身学习经验
2. 归纳调控学习过程的方法：记录、反思、奖励</td><td>案例、学生经验分享、演示文稿</td><td>讨论法、归纳法</td></tr>
<tr><td>小结本次课内容（2分钟）</td><td>学习的意义及如何做到自主学习？</td><td>提问：为什么要学会自主学习，如何做到自主学习？</td><td></td><td>归纳法</td></tr>
<tr><td>课后</td><td>需完成的作业</td><td></td><td>1. 按小组计划完成本课学习活动，约定时间做汇报
2. 完成第二课翻转课堂的问题</td><td></td><td></td></tr>
<tr><td colspan="6">五、学业评价</td></tr>
<tr><td colspan="6">本课学习活动汇报可放在布置任务 3 周后，安排 2 课时进行。在第一次课提出明确要求，制定好评分标准，并选好评委，汇报时发放给学生填写。整场活动主持人由学生担任，主持串词、比赛环节、评委评分等皆由他们准备，教师适时跟踪、指导。最后活动结束后，让学生分享这次活动所得，尽量让每个学生都发言，教师适当点评</td></tr>
</table>

教学设计 2

丹东技师学院　贺红慧

<table>
<tr><td>教学单元/课</td><td colspan="3">第一单元/第一课</td><td>课时</td><td>2</td></tr>
<tr><td>教学内容</td><td colspan="5">唤醒自主学习的意识；做快乐学习的主人</td></tr>
<tr><td>学情分析</td><td colspan="5">大多数 19 级新生，在初中阶段都是文化理论课差，不爱学习的孩子，因而激发他们的学习兴趣，让他们认识到学习知识和技能的重要性，唤醒他们的自主学习意识，是技工院校对学生素质培养最为重要的第一课。这对于学生后续知识与技能的学习，以及将学生培养成乐学、好学的职业人都具有重要的意义</td></tr>
<tr><td colspan="6">一、教学目标</td></tr>
<tr><td colspan="6">1. 能陈述学习知识的必要性
2. 能理解老师与家长的严格要求，体会技能训练和实践的重要
3. 理解内外因的关系：老师的教是成才的必要条件；自主学习是成才的原动力和根本所在</td></tr>
<tr><td colspan="6">二、重难点分析</td></tr>
<tr><td colspan="6">重点：
1. 清楚深刻地认识到：知识和技能的学习在生存、生活中是必需品
2. 学会养成自主学习的好习惯
难点：
1. 自主学习意识的形成
2. 自主学习习惯的培养</td></tr>
<tr><td colspan="6">三、学习资源</td></tr>
<tr><td colspan="6">1. 硬件
多媒体教室、投影仪、白板、麦克风、网络设备、任务书
2. 软件
（1）课前：案例两个、故事两个、素材若干（见附件）
（2）课中：图片若干、幻灯片若干、动漫演示一个
流媒体的使用路线：提问—讨论—分析—概括—上升
（3）课后：补充完成课堂上的任务书内容，写下感悟、体会和结论</td></tr>
<tr><td colspan="6">四、教学实施过程</td></tr>
<tr><td colspan="2">教学环节（时间）</td><td>学习内容</td><td>师生活动</td><td>教学手段</td><td>教学方法</td></tr>
<tr><td>课前</td><td>预习</td><td></td><td>让学生应用学习软件，在手机上下载阅读有关案例材料</td><td></td><td></td></tr>
</table>

续表

教学环节（时间）		学习内容	师生活动	教学手段	教学方法
课中	新课导入（10分钟）	学习知识的重要性	1. 案例《司马光砸缸》《警枕》（附件一） 教师提问：司马光用什么方法救了小朋友？请同学们分析，司马光救人的过程用到了哪些物理学知识？ 教师引导：现在，我们可以用懂得的物理知识去救人；古时候，不懂得物理知识的司马光怎么就那么聪明呢？他是不是天生聪慧？下面听听关于司马光的另一个故事——警枕 教师提问：从“警枕”的故事中，我们可以发现司马光聪慧的主要原因是什么？ 布置任务：每小组派代表举例，说明知识在生活中的重要性	知识的情境化策略	讨论法
			2. 案例《雾天鞠躬》（附件二） 教师布置任务： （1）隋师傅的车翻到沟里的原因是什么？ （2）古人早有“书中自有颜如玉，书中自有黄金屋”一说，你认为现在所学的文化知识与专业知识和我们的生活质量有关系吗？你理解它们应该是什么？ 教师点评：没有专业知识支撑的职业人，半生的职业生涯都在盲人摸象，对技能的掌握也只能是只见树木不见森林，这对于一个职业者而言，是一件令人多么懊恼和遗憾的事情	用“盲人摸象”来比喻没有专业理论知识的职业人，终究是只见树木不见森林。用典型案例吸引学生的眼球，调动学生的学习兴趣	张贴板法、小组讨论法、类比推导法、归纳总结法

续表

教学环节（时间）		学习内容	师生活动	教学手段	教学方法
课中	新课讲授（35分钟）	掌握技能的必要性	故事《空中之王》（附件三） 教师提出问题： 1. 什么是空中之王滴血的历史？它们是怎样成为空中之王的？ 2. 鹰妈妈为什么含泪把她的孩子推下山崖？和蓝天告别意味着什么？ 3. 每个人都有自己的蓝天和翅膀，你的蓝天和翅膀是什么？ 学生讨论后回答问题： 1. 严格的要求和近乎残忍的艰苦训练（刻意训练） 2. 作为母亲，她的心中也充满了爱怜与不忍，但她知道如果不这么做，她的孩子就没有捕食的本领，最终也会被饿死，被迫与蓝天告别 3. 专业知识与技能是我们的翅膀 总结：严格的技能训练是必要的，没有像样的专业技能就不能很好地生存 类比推导：要想成为空中之王那样的“雄鹰”（高级技能人才）就必须和空中之王一样经历凤凰涅槃的过程：学习—训练—实践—再学习—再训练—再实践。只有这样才能掌握高质量、高水平的专业技能，取得人生的成功	运用极具代表性的故事，创作真实感很强的情境	典型案例法、类比法、归纳总结法

续表

<table>
<tr><th colspan="2">教学环节（时间）</th><th>学习内容</th><th>师生活动</th><th>教学手段</th><th>教学方法</th></tr>
<tr><td rowspan="2">课中</td><td>新课讲授（35分钟）</td><td>自主学习的必要性</td><td>故事《自己救自己》（附件四）
问题驱动：1. 此人为何站在屋檐下？向观音求伞的目的是什么？观音为什么说是伞在度她？
2. 如果我们把人生比喻成前行的道路，那么路上的风雨是什么？伞是什么？有了伞会怎样？老师是什么？怎样才能找到你的那把伞？
感悟：命运之伞就掌握在自己的手中，只有快乐地做学习主人，才能通过知识改变命运。自己才是命运的主宰者！</td><td>流媒体创造情境</td><td>问题驱动法、小组讨论法、类比推导法</td></tr>
<tr><td>小结（5分钟）</td><td>为什么要学习，为什么要自主学习？</td><td>学生回答，教师板书</td><td></td><td></td></tr>
<tr><td>课后</td><td>布置作业</td><td></td><td>1. 完成学习软件上的题目和任务书上的内容
2. 预习作业：你打算怎样做来提高自己自主学习的动力？</td><td></td><td></td></tr>
<tr><td colspan="6">五、学业评价</td></tr>
<tr><td colspan="6">本次课采用自我评价、小组互评、教师点评相结合的评价方式。采用阶段任务质量监测评价和课后学业评价的评价策略。本着以评促教的目的，根据学生各个阶段的学习表现、完成阶段任务的效率、质量等情况，给予肯定和鼓励，并将学生的平时表现作为期中和期末考试平时成绩的依据</td></tr>
</table>

附件一

司马光砸缸

有一天，年幼的司马光和小朋友们在花园里玩。一个调皮的孩子爬到假山上，一不小心掉进假山旁边的大水缸里。水缸里满满的都是水，他在水里挣扎着喊救命。大家惊慌失措，一时不知道该怎么办，胆小的孩子甚至吓得哭了起来。司马光急中生智，从地上捡起一块大石头，使劲向水缸砸去，水缸破了个窟窿，水流了出来，孩子也得救了。

警 枕

司马光小时候觉得自己记忆能力没有别人强，就暗下决心：让我下苦功夫来增强记忆力吧！于是，别人背两三遍的，他就背五六遍。

这样一来，他每晚读书都读到很晚，第二天，还要早早起来晨读。

由于晚上睡得迟，他常常睡过了头，耽误了晨读的时间。“用什么办法来解决这个问题呢?”他想让母亲提醒自己。但母亲心疼他，不想让他读书读得这么辛苦。

有一天，司马光看见后院有一段圆木头，他灵机一动：“有办法了!”他把圆木头擦干净，放在床上当枕头。他枕着圆木头睡，一翻身，圆木头就滚动，他的头就会落到床上，把他惊醒。这样就不会再睡过头了。

一天，妈妈在床上发现了这个圆木头，正想把它扔掉，司马光说：“母亲，千万不要扔，这是我的‘警枕’。”

母亲听他一解释，感动地说：“孩子，用功读书是好事，但也不要累坏了身体呀!”

由于坚持不懈地努力学习，司马光终于成为一个学识渊博的大文豪，编写了著名的编年史书《资治通鉴》。

附件二

雾天鞠躬

这是发生在我身边一件真实的事情。当时29岁的我，在原来的丹东造纸厂教育处工作。我所在的厂子生产纸张，它的原料是芦苇，要用带拖斗的大货车把芦苇从很远的东港、孤山等苇塘运回来。由于路途较长，要求司机既得会驾驶，还得会维修，如果路上出了什么紧急情况，可以自己处理，将货运回。为了让所有的司机加强这方面的学习培训，教育处派我去给他们讲机械原理课程。刚开始的时候，屋子里黑压压地坐了50多人，司机们都觉得很可笑，让一个小毛丫头来给我们上课，她能懂得什么?不来又扣工时，总比开车强，对付着混吧!

于是课堂上干什么的都有，三三两两打扑克的、看杂志的、看小说的……乱成一团。两天后当我讲到齿轮的失效形式中，有一种情况叫作“疲劳裂纹”时，我说：“如果各位师傅在维修时发现齿轮有裂缝，就不用再修了，直接去更换新的。因为这个齿轮已经达到了疲劳极限，再用会对我们的人身安全造成危险和伤害。”

此时，年近50岁的隋班长大声地对他的队员们说：“你们都把嘴闭上，我没听清楚，让这位小老师把刚才的话再重复一遍。”听到这，我又把话重复了一遍。听完后，隋师傅一拍大腿说："难怪，上次在运输过程中，我的车抛锚了，打开一看，齿轮裂了一条细缝，我就用焊枪把它结结实实地给焊上了。还没进市里，就又趴窝了！打开一看还是那个地方！我老隋就不信焊不上他！我又把它焊上了！这次去孤山，开着开着就听砰的一声，我的车栽到了沟里，差点要了命！看来这没有文化知识就是不行啊！太耽误事不说，有时还有可能丢掉性命。从明天开始，我们轮流值日，保证教室的卫生，轮流帮贺老师擦黑板，上课必须认真听课，不允许讲话、干其他的事情，每人准备一个笔记本，把重要内容写下来。做得不好的，我唯你们是问！"

接下来的课程，是在和谐安静的气氛中愉快地度过的。这让我深刻体会到，一位德高望重的老师傅对知识的尊重和渴望。这之后不久，一个漫天大雾的早晨，在我去上班的路上，远远看见一个高大魁梧的身影，毕恭毕敬地对我行礼说："老师早！"我以为是我们技校的学生，就象征性地点了一下头说："早！"当我来到近前一看，竟然是隋师傅！我连忙对他说："隋师傅，你这么大岁数给我这个小年轻的鞠躬，可折杀死我了。"隋师傅答："尊重老师是应当的，我和汽车打了一辈子的交道，可还赶不上一个小年轻的，可见老师就是不一样！老师您是怎么知道齿轮它有这个怪毛病呢？坏了不能修，只能换！"我笑着说："隋师傅，哪里是我知道得多，我连汽车盖子都没打开过，这些都是书上告诉我的！齿轮疲劳裂纹，就和人达到了疲劳极限是一个道理，累极了、到寿了，就干不了活了。""噢！是这样啊！那就更对了，我不是在给你鞠躬，而是给知识鞠躬，给有知识的人鞠躬！"

附件三

空中之王

有一种鹰被称为空中之王，原因是其滑翔速度之快令人不可思议。即使它在几千米的高空飞翔，只要发现陆地上有小动物经过，就能快速捕捉。

人们称赞着它的王者风范，但没有人知道在英雄成长的背后是滴血的历史！这种鹰长到一定时候，母鹰会把雏鹰带到悬崖边，用力把它们推下山崖。有一些雏鹰在恐惧和惊慌中触底摔死；有一些幸免于难，活了下来，活下来的要继续完成飞行训练。再过一个月，母鹰会又一次把鹰雏带到悬崖边，再把它们扔下山崖。又有一些雏鹰死去了，多次能活着回来的鹰，才能成为真正的空中之王。

有个猎人看到后，觉得雏鹰真可怜，鹰妈妈完全没有必要这么做。于是就偷偷把一只雏鹰带回家，给它喂食。一个月后，雏鹰长得很大，可它那长长的翅膀成了它的负担，它只能飞到屋檐那么高，和家禽没有什么区别，永远成不了空中之王。

原来鹰努力求生飞行的过程，就像凤凰涅槃重生一样。只有这样，它的翅膀才能具有强大的力量，它才能成长为真正的空中之王。尽管鹰妈妈每次都是含泪把她的孩子们推下山崖的，但是她知道，如果不这样做，她的孩子将永远与蓝天告别。

附件四

自己救自己

某人在屋檐下躲雨，看见观音正撑伞走过。这人赶忙说："观音菩萨，普度一下众生吧，请您带我一段吧?"观音说："我在雨里，你在檐下，而檐下无雨，你不需要我度。"这人立刻跳出檐下，站在雨中："现在我也在雨中了，该度我了吧?"观音说："你在雨中，我也在雨中，我不被淋，因为有伞；你被雨淋，因为无伞。所以不是我度自己，而是伞度我。你要想度，不必找我，请自找伞去!"说完便走了。第二天，这人遇到了难事，便去寺庙里求观音。走进庙里，才发现观音的像前也有一个人在拜，那个人长得和观音一模一样。这人便问："你是观音吗?"那人答道："我正是观音。"这人又问："那你为何还拜自己?"观音笑道："我也遇到了难事，但我知道，求人不如求己。"

第二课　提升自主学习的动力

教学设计1

深圳技师学院　李志梅

教学单元/课	第一单元/第二课	课时	2（第1、2课时）
教学内容	影响自主学习动机的因素		
学情分析	部分学生走进技工院校是无奈的，甚至有较深的挫败感；加之社会上普遍存在着对职业教育认识上的偏见，很多学生对于学习目标及个人价值的认同等方面存有困惑。本次课让学生检视自身在学习过程中影响学习兴趣和学习动力的因素，以重新建立自信，持有良好心态，主动学习知识与技能		
一、教学目标			
通用职业知识目标： 1. 了解动机的含义 2. 理解影响自主学习动机的因素 3. 能感受身边榜样的巨大力量 **通用职业能力目标：** 能根据动机有关知识分析案例中影响各人及自身学习动机的原因 能找到自身的需要，明确学习的目标 能运用适当的策略提高自主学习的动力 **情感态度价值观目标：** 认同自我价值，树立自主、自信意识，有团队意识，能建立积极主动的合作关系 **职业基本意识目标：** 对职业有充分的思考，优化自身素质，形成个人职业素质与职业、岗位契合的意识			
二、重难点分析			
教学重点：影响自主学习动机的因素 **重点突破：**以任务引领、活动为导向，让学生在案例分析、自我检视中理解影响自主学习动机的因素。在小组制作海报、展示汇报中进一步巩固学习重点 **教学难点：**影响自主学习动机的内部因素中的目标取向、归因方式。通过学习解决实际问题，体验成功感 **难点化解策略：**通过完成活动任务、案例分析、自身的体会思考等，理解影响自主学习动机的内部和外部因素，使学生主动发现学习的乐趣和提升学习动力的方法			

续表

<table>
<tr><td colspan="6">三、学习资源</td></tr>
<tr><td colspan="6">视频资料：
1.《文化视点》节目中马东采访周杰伦、方文山的视频
2. 电视剧《小欢喜》第46集刘静与英子在天文馆告别的片段
教具准备：
多媒体计算机、大白纸、马克笔数支</td></tr>
<tr><td colspan="6">四、教学实施过程</td></tr>
<tr><td colspan="2">教学环节（时间）</td><td>学习内容</td><td>师生活动</td><td>教学手段</td><td>教学方法</td></tr>
<tr><td colspan="2">课前</td><td></td><td>完成翻转课堂训练</td><td></td><td>翻转课堂法</td></tr>
<tr><td>课中</td><td>导入，明确本次课学习任务（10分钟）</td><td>理解动机的概念及作用</td><td>1. 以《文化视点》节目中马东采访周杰伦、方文山的视频导入：
讨论：周杰伦选择流行音乐作为努力方向，他是如何做出这个决定的，这个决定对他今后的职业生涯有着怎样的影响？在讨论中理解动机的内涵及作用
2. 提出本次课学习任务：写出影响自己自主学习动机的因素，以海报形式呈现</td><td>以学生关注的明星经历来引发学生对动机的思考</td><td>讨论法</td></tr>
</table>

续表

教学环节（时间）		学习内容	师生活动	教学手段	教学方法
课中	教授新课（50分钟）	影响自主学习动机的因素（内部因素）	1. 自己的兴趣和好奇心 （1）阅读案例一，讲述朱蒂的学习行为，分析促使她获得这一知识的动力来自何处 （2）分享自己或身边的人因兴趣或好奇心而产生的学习行为 2. 目标取向 （1）讨论案例，完成问题：分析王晓心情好坏的原因，推断其在学习方面可能会有的几种结果，并说明理由。刘同在学习目标、行为方面与她的不同之处是什么，他在学习方面可能会有的结果。请用你认为简明的方式体现你的预测（简表、漫画等）。你如何评估他们的目标对学习行为的影响，评估的依据是什么 如果评估的依据是短时间和考试分数，有可能王晓会比较突出；如果评估的依据是个人的心态和学习的持久，那么刘同个人的成长空间会更大，不仅仅在成绩方面，在学习能力、学习态度、与人的交往等方面可能会更健康、持久	通过对案例、视频的分析、讨论，让学生理解影响自身主动学习动机的因素	案例法、讨论法、归纳法

续表

教学环节（时间）		学习内容	师生活动	教学手段	教学方法
课中	教授新课（50分钟）	影响自主学习动机的因素（内部因素）	（2）完成教材活动训练，进一步理解何为“掌握”目标，何为“表现”目标 （3）讨论两种目标取向的优势和劣势 聚焦“掌握”目标至少从两方面受益：遇到复杂的情况、障碍，不会垂头丧气，更倾向于相信坚持就是胜利。鼓励学生表现目标可以有，不要过度追求，尝试掌握目标，保持长久学习动力 3. 归因方式 （1）提问：当成绩不尽人意时，我们会如何看待？写出你常归结的原因。逐项列出，展示在黑板上 （2）师生共同归类：能力、努力、任务难度、运气、身心状况、策略等。明确：我们把追溯造成行为结果的原因称为归因 （3）进一步讨论、辨别哪些原因可控，哪些原因不可控。哪些归因有利于我们经历失败后，能正确面对失败，能不失动力继续学习 （4）提炼要点，板书关键词	通过对案例的讨论和对自己的测试，明晰怎样的目标对自己有更积极的帮助	讨论法、比较法、归纳法

续表

教学环节（时间）		学习内容	师生活动	教学手段	教学方法
课中	教授新课（50分钟）	影响自主学习动机的因素（外部因素）	1. 播放电视剧《小欢喜》第46集刘静与英子在天文馆告别的片段。请学生记录自己认为对主人公英子有帮助的期望和奖励，说说令你感动之处 分析：刘静不是英子的母亲，但很理解英子内心的追求，送给她的礼物是为英子写的参加中国航天局训练营的一封推荐信，对英子的期望是：希望整个苍穹都是你的，给予她极广阔的自由，对天文尽情地探索。那一刻，英子感到无比的温暖和幸福 2. 小组活动：阅读教材中影响学习动机的外部因素的内容，请为本组同学或好朋友提出期望和奖励措施（也可设置适当情境为案例中的王晓提出期望或奖励措施） 明确：身边人提出的期望和奖励，需注重学习者的需求和兴趣	案例法、讨论法	
	知识巩固小组活动（20分钟）	列出影响自主学习动机的因素	1. 出示小组活动内容：讨论并列出影响自主学习动机的内外因素，以海报形式呈现，并进行简单说明 2. 汇报、展示小组活动成果，师生点评	以小组活动来梳理本次课知识点，让学生更清晰各因素对自主学习的影响	讨论法、体验法
	小结（5分钟）	学生小结本次课主要内容、收获，提出疑问之处	学生围绕“动机”“影响自主学习动机的内外因素”“采取的策略”这三方面说说自己的理解和疑惑之处，师生共同解答	反思、质疑，演示文稿	归纳法

续表

<table>
<tr><th colspan="2">教学环节
（时间）</th><th>学习内容</th><th>师生活动</th><th>教学手段</th><th>教学方法</th></tr>
<tr><td>课后</td><td>完成作业</td><td></td><td>知识巩固第 2 题、第 4 题
其中第 4 题，在完成传记阅读中还需提醒学生自学有关鱼骨图的知识，并对这方面的学习提出激励的策略（例如提高此项分值的权重等），目的是鼓励学生自主学习</td><td></td><td></td></tr>
<tr><td colspan="6">五、学业评价</td></tr>
</table>

学生活动——《海报制作评价表》参考：

<table>
<tr><th>评分维度</th><th>优秀作品的要求</th><th>分值</th><th>得分</th></tr>
<tr><td rowspan="4">1. 海报的内容</td><td>标题与内容相关</td><td>10</td><td rowspan="4"></td></tr>
<tr><td>内容充实、有合理依据</td><td>20</td></tr>
<tr><td>条理清晰</td><td>20</td></tr>
<tr><td>文字简明</td><td>20</td></tr>
<tr><td rowspan="3">2. 海报版面设置</td><td>生动的版面设计</td><td>10</td><td rowspan="3"></td></tr>
<tr><td>文字与插图平衡</td><td>10</td></tr>
<tr><td>使用 2~3 种字体</td><td>10</td></tr>
<tr><td>评语</td><td colspan="2"></td><td>总分：</td></tr>
</table>

教学设计 2

湖南建筑高级技工学校　曾译玮

教学单元	第一单元/第二课	课时	2（第 1、2 课时）
一、教学目标			
情感态度价值观： 培养自主学习意识和自主学习兴趣，从活动中获得成就感和学习动力 **职业基本意识：** 建立自强意识和竞争意识 **通用职业知识：** 1. 了解动机的内涵和两种功能 2. 能用自己的语言阐述学习动机对自主学习的重要性 3. 能复述出影响自主学习动机的两种因素 4. 掌握目标取向的两种类型 5. 理解不同归因方式对自主学习的影响 **通用职业能力：** 能通过独立思考和实践，提升自主学习能力、分析和解决问题能力			
二、教学内容			
1. 动机的内涵与功能 2. 学习动机对自主学习的重要性 3. 影响自主学习动机的两种因素：内部因素和外部因素			
三、重难点分析			
重点：理解内部因素包含的三个方面的内容（兴趣和好奇心、目标取向、归因方式） **重点突破策略：**“爱迪生”案例分析，心理测试，“我画你说”学习活动 **难点：**内部因素归因方式的运用 **难点化解策略：**梳理生活中你印象最为深刻的一件事（可以是一次比赛、一次考试等人生经历），分析成功或失败的原因，并运用归因方式客观积极地进行评价			
四、学习资源			
学习任务计划表、彩色卡纸、报纸若干、胶带、订书机、白板、白板笔、A4 白纸、案例等			

续表

五、教学实施过程				
教学环节（时间）	学习内容	师生活动	教学手段	教学方法
课前准备（提前一周布置课前小任务）	翻转课堂： 自主学习教材案例。回答问题： 1. 张文良能勤奋、持久地自主学习技术、提高技能的原因是什么？ 2. 什么原因最有可能促使你坚持学习？	教师提前一周在云班课上布置作业任务，要求学生提前学习案例 学生完成学习并回答问题，将答案提交到云班课	教材、云班课App	翻转课堂法
环节一：组织教学，回顾任务，明确学习要求（3分钟）	1. 师生问好，组织教学	教师使用云班课“一键签到”总结学生课前学习完成情况，奖励经验值进行鼓励	云班课App	鼓励法
	2. 回顾学习任务，明确本次课学习目标	教师交代本次课的任务与学习目标 学生接受任务与了解本节课学习目标	演示文稿	案例法、设问启发法
环节二：动机的内涵与功能（20分钟）	1. 学习活动一：案例分享“小梅西的故事” 梅西小时候最爱的食品是巧克力曲奇饼干。在比赛开始之前，教练把他叫到一边，每进一球就会有一块饼干。于是梅西在大部分的比赛中都会进四五个球，这非常不可思议。于是教练告诉他，每进一个头球，就会有两块饼干，由于梅西身材矮小，很少有头球的机会，于是梅西在比赛中连续过人，最后把门将过掉，面对空门，把球挑起，用头打进，然后看着场边的教练，伸出了两根手指	教师引导学生阅读案例，请几位同学回答两个问题： 1. 什么是动机？ 2. 动机的作用是什么？	演示文稿、白板	

续表

教学环节（时间）	学习内容	师生活动	教学手段	教学方法
环节二：动机的内涵与功能（20分钟）	2. 学习活动二："拼一拼"	教师宣布学习规则，发放装有"动机"概念的信封 学生按要求将碎片化的字、词组成完整的"动机"概念	装有"动机"概念的信封 白板	游戏法
	3. 学习内容：动机的概念 动机是以一定方式引起和维持人们的行为活动，并使活动朝向某一目标的内部动力 学习内容：动机的两种功能： 第一，唤醒与维持功能 第二，指向功能	回顾案例，教师引导学生思考动机的两种功能在案例中是如何体现的 学生分组讨论，口头回答	演示文稿	案例教学法、小组讨论法
环节三：动机的重要性（10分钟）	学习活动三：耶尔克斯-多德森定律 中等强度的学习有利于各种学习	教师介绍耶尔克斯-多德尔定律，并举例说明动机的重要性	演示文稿、图片	讲授法、启发法
环节四：影响自主学习动机的内因之一：兴趣和好奇心（12分钟）	学习活动四：说一说	教师引导学生思考"知之者不如好之者，好之者不如乐之者"这句话的含义	演示文稿、图片	小组学习法、讨论法
	学习活动五：案例分析"牛顿和达尔文的故事"	教师由活动四的名言引出案例，并提出问题：这两位名人的故事给我们什么启发？ 学生讨论并回答问题	演示文稿	案例法、设问启示法、小组讨论法

续表

教学环节（时间）	学习内容	师生活动	教学手段	教学方法
环节五：影响自主学习动机的内因之二：目标取向（12分钟）	学习活动六：心理测试	教师引导学生完成测试题，并打分	演示文稿	讲授法、小组讨论法、小组学习法
	学习内容：Dweck 的目标取向模式 两种成就目标取向： 1. 掌握目标 2. 表现目标（包含表现趋向目标和表现回避目标）	教师用图片展示并解释 Dweck 的目标取向模式，引导学生讨论举例 学生思考，通过举例和讨论掌握两种目标取向的特点	演示文稿、图表	
环节六：影响自主学习动机的内因之三：归因方式（13分钟）	学习活动七：案例分析	教师引导学生阅读书本上的案例，并阅读材料后的表格，了解归因方式与情感反应之间的关系	演示文稿、图表	案例教学法
	学习活动八：仿写练习 积极的归因模式（请仿写第二句） 1. 成功—能力强—自豪/增强对成功的期望—愿意从事有成就感的任务 2. 失败—________ 学习内容： 韦纳的成就归因模型	教师引导学生分析韦纳的成就归因模型的特点 学生小组讨论，做仿写练习，白板展示		讲授法、小组讨论法、练习法

续表

教学环节（时间）	学习内容	师生活动	教学手段	教学方法
环节七：影响自主学习动机的外部因素（12 分钟）	学习活动九：案例分析 热播剧《小欢喜》给我们的启发	教师引导学生观看《小欢喜》片段，完成引导问题	演示文稿、视频、白板	案例分析法、讨论法、设问启示法、归纳法
	学习内容：影响自主学习动机的外部因素 1. 身边人的影响 2. 环境的影响	学生认真观看视频后，小组讨论，回答问题： 1. 乔英子能成为学霸，除了自身的努力，还有哪些影响因素？ 2. 为什么书香雅苑成为炙手可热的学区房 教师引导学生归纳出影响自主学习动机的外部因素 学生分析案例，讨论影响自主学习动机的外部因素		
环节八：总结评价（8 分钟）	课堂小结	教师安排每组派一个学生代表轮流复述本次课知识点 教师小结本节课学习内容 布置课后作业		讲授法、小组学习法

六、学业评价

学习过程评价表

组名________

	关键词归纳（1~6 分）	问题回答情况（1~6 分）	活动完成情况（1~6 分）	是否全组参与（1~6 分）	总分
环节二					
环节三					

续表

续表

	关键词归纳（1~6分）	问题回答情况（1~6分）	活动完成情况（1~6分）	是否全组参与（1~6分）	总分
环节四					
环节五					
环节六					
环节七					
环节八					

教学设计 3

深圳技师学院　张立

<table>
<tr><td>教学单元/课</td><td>第一单元/第二课</td><td>课时</td><td>2（第 3、4 课时）</td></tr>
<tr><td>教学内容</td><td colspan="3">1. 发掘兴趣点，寻找学习的乐趣
2. 了解学习目的，发现自身需求
3. 设立合理的目标取向，树立榜样
4. 解决实际问题，获得成功感</td></tr>
<tr><td>学情分析</td><td colspan="3">作为人生的一大转折，一部分技工院校的学生是在中高考选拔制度下，在语言智能和数理逻辑智能的严格筛选中落榜的群体，他们是以失败心态无奈地走进技工院校大门的。加之社会上普遍存在着对职业教育认识上的偏见，认为职业教育是高等教育的“次等品”，因此导致技工院校的学生自觉前途渺茫，在逆境中往往从内心里否定自己，甚至自暴自弃，严重地影响和阻碍了自身的进步和发展。本课的教学，是为了让学生意识到只要能够正确认识自己，结合自己的优势、爱好和所学专业找到学习的兴趣点，加强学习的实践和运用，技工院校的学生也能成为专家，成为一名高素质技能型人才。通过课堂活动、案例分析、自身的体会思考，引导学生掌握发现学习的乐趣和动力的方法</td></tr>
<tr><td colspan="4">一、教学目标</td></tr>
<tr><td colspan="4">通用职业知识目标：
1. 了解并发掘兴趣点，寻找学习的乐趣
2. 了解自主学习动机的三种基本心理需求
通用职业能力目标：
1. 能运用自主学习动机的三种基本心理需要分析自身学习情况
2. 能通过树立学习的榜样，设立合理的学习目标
3. 能通过学习解决实际的问题，体验成功感</td></tr>
<tr><td colspan="4">二、重难点分析</td></tr>
<tr><td colspan="4">重点：了解并发掘兴趣点，寻找学习的乐趣
重点突破策略：通过案例的分析和学生自身相关经历的分享，体会学习的乐趣，找到自身的兴趣点
难点：能通过学习解决实际的问题，体验成功感
难点化解策略：通过分析在校园和在职场两种身份的案例来理解通过解决实际问题对学习的促进。培养学生解决问题的意识，明确学习的目的，体会学习的成就感</td></tr>
<tr><td colspan="4">三、学习资源</td></tr>
<tr><td colspan="4">多媒体设备、教材等相关教学资料、案例、学生录制的经验分享视频等
案例一：
某技师学院的黄义，自信且喜欢与人打交道是他最大的特点和兴趣，他认为走入职场很重要的一门学科就是沟通，良好的沟通和广泛的交际能力，能让自己很好地应对形形色色的人。怎样和他人</td></tr>
</table>

续表

<table>
<tr><td colspan="6">相处需要学习，在技工院校教育理论和操作能力的学习和锻炼成就了这个爱读书的男孩。他认为多看书可以大量积累知识，总有一天会用上，通过看书还能让自己更加宽容地去理解这个社会有多复杂，提升素养、开阔视野、增长见识、增强心理承受能力。在求学阶段做导师的助手给了他锻炼的机会，毕业后就顺利地进入了国企上市公司工作，短时间就成为行业负责人，成为自己未来的主人
设计目的：案例导入新课，让学生通过真实案例的分析，激发学习的兴趣，初步感知案例中黄义获得成功的原因，结合学生的回答，引导学生明确本次课的学习目标
明确：看清自己的优势和劣势，从自身兴趣出发扬长避短，在实践中探索，不断激发主动学习的意识和行动
案例二：
李芳毕业于一所高职院校电子商务专业。毕业后做了三个月的推广工作，之后跳槽到另一家公司做了营销助理，现在又厌倦了这份工作。可是与她同专业毕业的王珊却将自己的工作做得有声有色，业绩突出，而且乐此不疲。这究竟是什么原因呢？这个问题一直困扰着李芳
明确：李芳的根本原因在于没有真正认识自己，她并不知道自己到底适合做什么。如何认识自己，给自己明确的定位，是李芳亟待解决的问题。认识自我，正确对待自己的优势与劣势，是我们一生中应努力追寻的目标，也是我们学业、事业成功的关键。一个人如果能对自我有全面、正确的认识和客观的评价，就一定能扬长避短，在不断调整、改变、完善自己的过程中，更好地发展自己</td></tr>
<tr><td colspan="6">四、教学实施过程</td></tr>
<tr><td colspan="2">教学环节（时间）</td><td>学习内容</td><td>师生活动</td><td>教学手段</td><td>教学方法</td></tr>
<tr><td>课前</td><td>课前预习及作业</td><td>布置课前作业：
1. 你现在对什么事情特别感兴趣，是怎样培养起来的？
2. 思考世界对“我”的意义，哪些是重要的，哪些是不重要的？
3. 你有没有学习的榜样？他们对你产生了什么影响？
4. 在校期间你曾参加过哪些比赛和社会实践？你学到了什么？</td><td>1. 通过云班课 App 布置课前作业。学生做好课前作业展示准备
2. 让学生预习本节课内容</td><td>任务清单、演示文稿</td><td>翻转课堂法、任务驱动法</td></tr>
<tr><td>课中</td><td>新课导入（5分钟）</td><td>案例一分析：案例中黄义取得成功的原因是什么？</td><td>1. 通过案例引导学生讨论分析，看清自己的优势和劣势，从自身兴趣出发扬长避短，在实践中探索，不断激发主动学习的意识和行动
2. 结合案例引入本次课的学习内容</td><td>演示文稿、案例</td><td>讲授法、讨论法、归纳法、情景教学法</td></tr>
</table>

续表

<table>
<tr><th colspan="2">教学环节（时间）</th><th colspan="2">学习内容</th><th>师生活动</th><th>教学手段</th><th>教学方法</th></tr>
<tr><td rowspan="5">课中</td><td rowspan="3">重点学习（20分钟）</td><td rowspan="3">环节一：发掘兴趣点，寻找学习的乐趣</td><td>1. 积极暗示、自我激励</td><td>课堂活动：学生分享通过积极暗示获得更好成绩的经历</td><td>演示文稿、自身经历分享</td><td>讲授法、讨论法</td></tr>
<tr><td>2. 发掘自身优势</td><td>课堂活动一：案例二分析
课堂活动二：你怎么看待自己的优势与劣势？写出10条以上自己的优点，并思考对提高学习能力有哪些促进作用？</td><td>演示文稿、案例</td><td>讲授法、讨论法、归纳法</td></tr>
<tr><td>3. 学会兴趣迁移</td><td>课堂活动：想一想你现在对什么最感兴趣，是怎样培养起来的？</td><td>演示文稿、自身经历分享</td><td>情景教学法、讨论法、讲授法、归纳法</td></tr>
<tr><td rowspan="2">知识学习（30分钟）</td><td colspan="2">环节二：了解学习目的，发现自身需求</td><td>课堂活动一：你喜欢自己的专业吗？请简单介绍一下所学专业
课堂活动二：运用自我决定理论中内在动机的三种心理需要分析自身学习情况
课堂活动三：结合最近热播的电视剧《小欢喜》，说一说剧中你喜欢哪个高中生，分析他的学习状态</td><td>演示文稿、案例、自身情况分析</td><td>讨论法、讲授法、案例分析法</td></tr>
<tr><td colspan="2">环节三：设立合理的目标取向，树立榜样</td><td>课外活动：查找比尔·盖茨、乔布斯、马云等人的传记故事，看看他们对失败或成功的归因，并用鱼骨图的方式简略描述</td><td>演示文稿、案例</td><td>讨论法、讲授法</td></tr>
</table>

续表

<table>
<tr><th colspan="2">教学环节
（时间）</th><th>学习内容</th><th>师生活动</th><th>教学手段</th><th>教学方法</th></tr>
<tr><td>课中</td><td>难点学习（20分钟）</td><td>环节四：解决实际问题，获得成功感</td><td>课堂活动一：案例三（教材小萌的案例）分析
课堂活动二：在学业之外，你还从事哪些方面的工作或活动呢？结合经历谈谈你的收获</td><td>演示文稿、案例、自身情况分析</td><td>讨论法、讲授法、案例分析法</td></tr>
<tr><td>课后</td><td>总结评价（5分钟）</td><td>课堂小结，布置作业</td><td>1. 教材知识巩固第1题
2. 教材知识巩固第3题</td><td>演示文稿</td><td>归纳法、讲授法</td></tr>
<tr><td colspan="6">五、学业评价</td></tr>
<tr><td colspan="6">结合教材活动训练，请学生评价自己当前学习的兴趣</td></tr>
</table>

第二单元　自主学习的基本路径

第一课　自主学习目标的确定

教学设计1

深圳技师学院　董浩

教学单元/课	第二单元/第一课	课时	2（第1、2课时）
教学内容	1. 确立学习目标的意义 2. 如何确定自主学习的总目标 3. 注重目标的可量化、明确性		
学情分析	初中或高中毕业的学生进入技工院校学习，会发现技工院校的教学方式与中学大不相同。这里的学习环境相对宽松，自主学习的时间很多，学生可利用课余的时间去图书馆、自习教室或者实训室学习。本课的教学是为了让学生明确自主学习目标的重要性，在技工院校学习的阶段，能确立清晰、明确的学习目标，不浪费宝贵的学习时间		
一、教学目标			
通用职业知识目标： 1. 了解确定目标的意义 2. 了解目标分解的基本原则 3. 知道目标分解的常用方法 **通用职业能力目标：** 1. 掌握确定目标的基本原则 2. 能确立正确的、符合实际情况的学习目标 3. 正确运用目标分解的基本原则 4. 掌握目标分解的常用方法			

续表

情感态度价值观目标：

树立远大的理想与近期的奋斗目标，深入认识时间管理对于个人学习的重要作用

职业基本意识目标：

形成为目标而努力的奋斗意识，能合理规划自己近几年的学习生活以及未来的职业生涯

二、重难点分析

重点：如何确定学习目标，掌握目标分解的常用方法

重点突破策略：抓住学生的特点，采取情境教学、课堂讨论等方法，让学生充分发表自己的看法，引导学生探讨学习目标的重要性，并且通过活动、案例、学生自己的体会等，教给学生确立学习目标的方法

难点：如何确定学习目标，目标分解的基本原则

难点化解策略：由于学生比较难理解目标分解的基本原则，因此，主要以引导学生对作业中出现的问题进行分析，同时多讲解、归纳，以此突破难点

三、学习资源

演示文稿、案例等

案例：曾有一个对在校学生进行的关于理想与目标的调查统计，当时统计的结果是：60%的人没有理想和目标，目标模糊的人占27%，有短期目标的人占10%，而有明确目标的人只有3%。对这些学生跟踪25年后再看，发现原本没有目标的60%的学生，大多失业而靠救济生活；目标模糊的27%的学生，最后只能勉强糊口；当时有短期目标的10%的学生，大多成了企业的高层；而那3%有明确的短期目标、长期目标的学生，大多成了顶尖级的企业家或行业的高层领导

四、教学实施过程

<table>
<tr><th colspan="2">教学环节（时间）</th><th>学习内容</th><th>师生活动</th><th>教学手段</th><th>教学方法</th></tr>
<tr><td colspan="2">课前</td><td>对自身目标的思考</td><td>完成教材翻转课堂的习题</td><td></td><td>翻转课堂法</td></tr>
<tr><td>课中</td><td>导入（10分钟）</td><td>目标对于人生的重要性</td><td>1. 讨论上述案例：这个案例告诉我们什么呢？
明确：人的目标的明确性、付出的努力与人生的成就是成正比的
自主学习同样要有明确的目标，明白“为什么而学”才能竭尽全力去学习
2. 检查课前学生的学习情况</td><td>演示文稿</td><td>案例讨论法</td></tr>
</table>

续表

教学环节（时间）		学习内容	师生活动	教学手段	教学方法
课中	教授新课（45分钟）	确立学习目标的意义	讨论： 1. 在技工院校学习与以前在中学学习有什么区别？自学的时间比中学多还是少？ 明确：自主学习的时间很多。教师布置作业，要求学生利用课余的时间去图书馆、自习教室或者实训室学习，寻找答案 2. 王俊堂的成功告诉了我们什么？ 明确：一个人的成功首先要有明确的目标，其次是围绕目标不断地努力奋斗，最终达到目标 3. 为什么要确定学习目标？ 学生活动：游戏 游戏步骤： 1. 将同学按身高、体重、性别分成实力相当的A、B两组 2. 将绳子在地面拉直，要求学生在距离绳子40厘米左右站立 3. 让所有同学下蹲，用手握住脚踝，以此姿势向前跳，只能跳1次 4. 对A组的同学不做任何规定 5. 要求B组的同学跳过绳子 问题讨论： 1. 观察两组同学跳跃的平均距离有什么差别？ 2. 为什么会有差别？ 明确：确立目标的意义	通过比较明确在技工院校需要养成自主学习的习惯 通过案例讨论和游戏让学生理解确立目标的重要性	比较法、案例法、讨论法、游戏法

续表

教学环节（时间）		学习内容	师生活动	教学手段	教学方法
课中	教授新课（45分钟）	在职业学校学习，如何确定自主学习的总目标	1. 关注目标的时限性 近期目标、中期目标、远期目标 讨论： （1）技工院校自主学习目标与工作后的目标是否一致？ （2）许多学生在面试的时候，面试官会问：你能描绘一下三年或者五年的事业前景吗？很多人听了会感到茫然。三年？五年？谁能知道会发生什么呢。面试官问题的实质究竟是什么？ 2. 分析目标的可操作性、相关性 讨论： （1）模仿教材案例中王永福同学的分析，分析自己在技师学院学习期间最高目标是否可以实现 （2）你的自学目标是什么？ 与学校的教学计划是否冲突？自己实现目标的优势有哪些？	结合自身实际进行讨论，理解目标的可操作性、相关性	讨论法

续表

教学环节（时间）		学习内容	师生活动	教学手段	教学方法
课中	教授新课（45分钟）	注重目标的可量化、明确性	问题讨论： 根据教材刘琼、蒋欣的案例回答问题 明确： 1. 蒋欣在技师学院的学习目标是：五年之内，完成自己的电子信息专业的学习，顺利毕业，还要辅修管理学的课程，拿到工商管理硕士学位 2. 刘琼的目标是明确的，也是可量化的。一个暑假的自学目标是背诵60首中国古典诗词，只要每天坚持背诵，是完全可以完成背诵任务，达到目标的 蒋欣的目标过高。五年之内，一是要完成电子信息专业的学习，顺利毕业；二是辅修管理学的课程，拿到工商管理硕士学位。辅修课程任务太重，目标太大。这个目标的确定没有关注时限性，虽然明确，但不可取	通过案例讨论分析理解目标的量化	案例法、讨论法
	小组活动（20分钟）	完成教材活动训练	仔细阅读教材活动训练有关材料，根据张小军的实际情况，小组讨论张小军的目标能否实现，为什么？ 小组讨论，代表展示，教师点评 张小军的梦想是完全可以实现的。理由可从目标的明确性、相关性等方面进行分析	通过活动让学生进一步巩固知识点	训练法、讨论法
	小结（5分钟）	概括确立目标的意义及确立目标的原则	提问：为什么要确定学习目标？在技工院校学习，如何确定自主学习的总目标？	演示文稿	

续表

教学环节（时间）	学习内容	师生活动	教学手段	教学方法
课后	完成作业	分小组布置，对教材案例中王永福的目标进行分析		

教学单元/课	第二单元/第一课	课时	2（第3、4课时）
教学内容	怎样分解学习目标		

一、教学目标

通用职业知识目标：

1. 了解目标分解的基本原则
2. 正确运用目标分解的基本原则
3. 掌握目标分解的常用方法

通用职业能力目标：

1. 正确运用目标分解的基本原则
2. 掌握目标分解的常用方法

二、重难点分析

重点：掌握目标分解的常用方法

重点突破策略：抓住学生的特点，采取情境教学、课堂讨论等方法，并且通过活动、案例、学生自己的体会等，教给学生分解学习目标的方法

难点：目标分解的基本原则

难点化解策略：由于学生比较难理解目标分解的基本原则，因此，主要引导学生对作业中出现的问题进行分析，同时多讲解、归纳，以此突破难点

三、学习资源

演示文稿、案例等

四、教学实施过程

教学环节（时间）		学习内容	师生活动	教学手段	教学方法
课前		对目标的思考	完成教材翻转课堂第4、第5题		翻转课堂法
课中	导入（10分钟）	大目标变成一个个小目标	1. 讨论：山田本一的智慧在哪里？ 2. 检查课前作业	通过讨论山田本一获胜的原因，知晓大目标变成一个个小目标的益处	讨论法

续表

教学环节（时间）		学习内容	师生活动	教学手段	教学方法
课中	教授新课（60分钟）	目标分解的基本原则	1. 分小组完成作业。学生展示作业：举例说明分解目标的基本原则——合情合理 目标分解合情合理包括： （1）符合自己的实际情况 （2）学习目标的分解 讨论：多数家长都曾经这样和孩子定过目标，比如孩子班上有30人，孩子上学期考试是第15名，这学期就和孩子说："这个学期尽你最大的努力学习，只要这个期末能进前10名的话，我就满足你一个心愿，什么都可以。"这个目标看似比较合理，难度也不大，只要再前进5名就可以了。那么这个目标可以达到吗？ 2. 目标分解明确、具体 学生展示作业：举例说明分解目标的基本原则——明确、具体 分析点评学生的作业 3. 目标分解定时、定量（以学生作业为例，进行点评） 明确：细化总体目标，需要定量具体目标，可以衡量。各项指标应该是可测的、能量化，这样既便于实施，也便于检查学习效果	以学生的作业为例，进行具体分析，得出结论	案例法，讨论法

续表

教学环节（时间）		学习内容	师生活动	教学手段	教学方法
课中	教授新课（60分钟）	·目标分解的常用方法	1. 请举例说明分解目标的方法——倒计时的设计方法 学生进行讨论，提出建议，教师归纳： 倒计时的设计方法即根据达到的总目标，分成所需的步骤，一步一步回倒着设计 2. 请举例说明分解目标的方法——剥洋葱法 教师指导，师生点评学生作业。完成的作业：假如你决定在技师学院5年中读完200本课外书，请你用剥洋葱的方法将目标分解为每学年、每学期、每月、每周的阅读目标 归纳： 剥洋葱法就是分解目标时像剥洋葱一样，将大目标分解成若干个小目标，再将每一个小目标分解成若干个更小的目标，直到分解到现在该去干什么为止 强调：运用剥洋葱的方法，是与实现它的过程正好相反。由将来到现在，层层分解 3. 练习。请用多叉树法画出本教材的知识结构图。教师点评作业，并归纳：（1）小目标是大目标的条件；（2）大目标是小目标的结果；（3）小目标如果全部实现，大目标一定就会跟着实现	通过指导、点评学生作业，了解学生对两种方法的掌握	讨论法、实践法、讨论法

续表

教学环节（时间）		学习内容	师生活动	教学手段	教学方法
课中	小结（10分钟）	归纳本课内容	1. 学生抢答问题：下面题目中，哪几条是目标分解的原则，哪几条是目标分解的方法？ （1）有人用多叉树列出了自己的学习目标（方法） （2）某同学觉得自己的自学目标与学校的考证相冲突（原则） （3）目标分解要符合自己的实际情况（原则） （4）小目标如果全部实现，那么大目标一定就会跟着实现（方法） （5）目标分解定时、定量（原则） （6）细化总体目标，需要定量具体目标，可以衡量（原则） 2. 学生归纳上课内容	通过问题检查学生掌握情况，巩固知识内容	训练法
课后		完成作业	以小组为单位，根据所学的倒计时法分解张小军的目标，并用图表的方式表现出来		

五、学业评价

完成教材活动训练，学生用海报纸写出讨论内容，汇报分解的目标，并说明分解的依据，师生根据汇报进行评分

教学设计 2

郑州财经技师学院　代玺

<table>
<tr><td>教学单元/课</td><td colspan="2">第二单元/第一课</td><td>课时</td><td>1</td></tr>
<tr><td>教学内容</td><td colspan="4">怎样分解学习目标</td></tr>
<tr><td colspan="5">一、教学目标</td></tr>
<tr><td colspan="5">1. 掌握分解目标的基本方法
2. 能运用分解目标的方法，将目标合理分解</td></tr>
<tr><td colspan="5">二、重难点分析</td></tr>
<tr><td colspan="5">1. 重点：理解“倒计时法、剥洋葱法”两种目标分解的常用方法
重点突破策略：《TEDX 演讲：只需 20 个小时，你就能学会任何事情》视频导入，学习过程记录表
2. 难点：两种目标分解方法的运用
难点突破策略：制作以“我的人生目标”为主题的思维导图，课前准备，课中点评，课后修改反馈</td></tr>
<tr><td colspan="5">三、学习资源</td></tr>
<tr><td colspan="5">线上：云班课 App、投屏软件、班级微信群、QQ 群等
线下：学习过程记录表、A4 白纸、案例、视频等</td></tr>
<tr><td colspan="5">四、教学实施过程</td></tr>
</table>

<table>
<tr><td colspan="2">教学环节（时间）</td><td>学习内容</td><td>师生活动</td><td>教学手段</td><td>教学方法</td></tr>
<tr><td rowspan="2">课中</td><td>环节一：回顾任务，明确要求（3 分钟）</td><td>1. 回顾上一节学习任务
2. 明确本次课程的学习目标</td><td>教师交代本节课的任务与学习目标。学生接收任务，了解本节课学习目标</td><td>演示文稿</td><td>教授法</td></tr>
<tr><td>环节二：目标分解的基本原则（10 分钟）</td><td>1. 案例引入：山田本一“用智慧战胜对手”
2. 情景设置：某组织今年销售额 1 000 万，有 5 个销售员工，怎样分解到个人
3. 学习内容：目标分解的三个基本原则：合情合理、解决具体、定时定量</td><td>1. 利用案例分享，学生讨论，得出结论。山田本一提供了一个实现远大目标的方式——分解目标
2. 根据情景设置，学生分组讨论，选出代表提出合理性解决方案。从而让学生总结出目标分解的三原则</td><td>情景设置，将内容具体化，激发学生的思维</td><td>案例分析法、任务驱动法</td></tr>
</table>

续表

教学环节（时间）		学习内容	师生活动	教学手段	教学方法
课中	环节三：目标分解的常用方法（25分钟）	1. 视频导入： 《TEDX 演讲：只需20个小时，你就能学会任何事情》，将大的目标分解成多个可执行的关键步骤 2. 以“我的人生目标”为主题制作思维导图 3. 学习内容一：倒计时法，即根据达到的总目标，一步步回倒着将总目标分解为多个子目标 4. 学习内容二：剥洋葱法，即将大目标分解成若干小目标，再将每个小目标分解成若干个更小的目标，一直分解到现在该去干什么为止	通过视频播放，让学生分组记录将目标进行分解的具体步骤和内容，从而导出目标分解的方法 教师引导学生制作思维导图，按照年龄、职业、专业等进行目标分解	利用视频，让学生学会记录有效信息。通过制作思维导图，引出目标分解的方法	案例分析法、视频导入、思维导图
	环节四：总结评价（7分钟）	1. 小组分享 2. 课堂小结	用思维导图，让学生自己总结出目标分解的内容，进行小结 教师总结本节课学习内容，布置课后作业	让学生用自己的作品点评总结，能让学生更全面、深刻地理解	小组学习法、讲授法

第二课　自主学习计划的制订与执行

教学设计 1

深圳技师学院　董浩

<table>
<tr><td>教学单元/课</td><td>第二单元/第二课</td><td>课时</td><td>2（第 1、2 课时）</td></tr>
<tr><td>教学内容</td><td colspan="3">1. 制订切实可行的学习计划
2. 合理分配与管理学习时间</td></tr>
<tr><td>学情分析</td><td colspan="3">恩格斯说：“没有计划的学习简直就是荒唐。”凡事预则立，不预则废。这些都说明计划的重要性。有些学生虽然有目标，但不知怎样制订切实可行的计划，常常表现在学习无目的、无计划，学习方法不当等。有些学生从没有学习计划，更不知道怎样制订学习计划，或者在制订计划时不知道怎样合理地分配时间，计划内容往往是一些空话、大话，不具备可操作性，常常导致计划不能实施。本次课采用案例、学生活动、实践体验，让学生学会制订学习计划，并且在计划的指导下一步步达到目标</td></tr>
<tr><td colspan="4">一、教学目标</td></tr>
<tr><td colspan="4">通用职业知识目标：
1. 了解制订学习计划的意义
2. 掌握计划的三要素
3. 掌握时间管理“四象限”法则
通用职业能力目标：
1. 能制订切实可行的学习计划
2. 能运用“四象限”法则合理管理自己的时间
情感态度价值观目标：
养成记录学习时间的习惯，珍视时间，规划自己的学习成长之路
职业基本意识目标：
形成时间管理意识，能整合学习时间，化零为整。建立时常反思学习过程、检测学习效果的思想意识，并逐渐形成一种学习习惯</td></tr>
<tr><td colspan="4">二、重难点分析</td></tr>
<tr><td colspan="4">重点：如何制订切实可行的学习计划
重点突破策略：通过案例讨论、制订训练计划的实操活动教会学生制订可行的计划
难点：能合理地分配与管理学习时间。能反思学习过程，检测学习效果，科学调整学习计划
难点化解策略：采用案例、学生活动、实践体验，让学生学会制订学习计划，并且在计划的指导下一步一步达到目标</td></tr>
</table>

续表

<table>
<tr><td colspan="6">三、学习资源</td></tr>
<tr><td colspan="6">A4 白纸、演示文稿、活动计划表等</td></tr>
<tr><td colspan="6">四、教学实施过程</td></tr>
<tr><td colspan="2">教学环节
（时间）</td><td>学习内容</td><td>师生活动</td><td>教学手段</td><td>教学方法</td></tr>
<tr><td colspan="2">课前</td><td>对时间的利用情况</td><td>完成翻转课堂练习题</td><td></td><td>翻转课堂法</td></tr>
<tr><td rowspan="3">课中</td><td>导入，明确本次课活动目标（5 分钟）</td><td>明确本次课的学习目标，展示本次学习任务</td><td>教师交代本节课的任务与学习目标，学生读懂任务要求</td><td>演示文稿</td><td>讲授法</td></tr>
<tr><td rowspan="2">教授新课（70 分钟）</td><td>为什么要制订学习计划？</td><td>1. 展示某些同学的表现：
①放学后玩球，天不黑不散；②回家无休止地看小说；③天天玩游戏；④串门、聊天、打扑克；⑤一直看手机、听音乐，结果完不成作业，必要时只得赶抄，不能认真复习和做作业
2. 提问：这些行为有助于学习吗？
明确：（1）没有计划的学习是盲目被动的低级活动
（2）计划是实现学习目标的蓝图
（3）制订计划是实行自我控制、自我管理的前提
（4）制订计划能减少时间的浪费，提高学习效率</td><td>通过问答，引导学生提高学习积极性，明确制订计划的重要性</td><td>提问法</td></tr>
<tr><td>制订学习计划的基本步骤</td><td>引导学生尝试制订学习计划并交流实际体验，讨论后归纳计划的三要素——目标、步骤、措施</td><td>演示文稿</td><td>讨论法</td></tr>
</table>

续表

教学环节（时间）		学习内容	师生活动	教学手段	教学方法
课中	教授新课（70分钟）	合理分配与管理学习时间	分清学习任务的轻重缓急 1. 介绍时间管理的“四象限”法则 2. 讨论集训计划安排 根据集训目标相关课程的顺序、轻重缓急，考虑每日的时间应如何安排 · 专业训练课时 · 错题分析课时 · 自我提升训练课时 · 专家讲座课时 3. 讨论：生活或工作中，总会遇到临时突发事件，比如突然的电话、别人突然的求助、自己突然的想法等，有何对策？	以实际任务的训练引导学生理解“四象限”法则的实际运用	讨论法、情境练习法
			1. 整合学习时间，化零为整 （1）案例讨论。不要忽视零散的时间，每天看一点、想一点、写一点，积少成多。千里之行，始于足下，零碎时间的积累是一个不可估计的数字 （2）讨论：如何判断和检查自己的时间究竟花在了什么地方？ 2. 养成记录时间的习惯 即连续三四个星期记录时间去向，自己在每一个时间段究竟干了些什么事，将当天的时间去向回忆清楚。这样的记录每年至少进行两次	演示文稿	案例法、讲授法
	总结评价（5分钟）	课堂小结	学生进行课堂小结：制订学习计划的基本步骤，合理分配与管理的方法	演示文稿	

续表

教学环节（时间）	学习内容	师生活动	教学手段	教学方法
课后	完成作业	1. 完成《世界技能大赛平面设计技术项目》集训日程计划表 2. 制订一份5年的自主学习计划		

教学单元/课	第二单元/第二课	课时	2（第3、4课时）
教学内容	1. 自律与执行学习计划 2. 总结反思与调整学习计划		
学情分析	有些学生，虽然有了目标，也制订了切实可行的计划，由于在实施的过程中，遇到新的问题，不会对计划进行调整，往往达不到预期的目标。反思学习过程、检测学习效果、科学调整学习计划，这一环节往往被学生忽视，其原因是没有这方面的意识。本次课采用案例讨论，分享自己学习成功或失败的案例，检测自己的学习计划，强化反思、检测效果这一环节，以达到目的		

一、教学目标

通用职业知识目标：

了解自律与监督的关系

通用职业能力目标：

1. 能执行自主学习计划，完成学习任务
2. 学习时能做到自律
3. 学会反思学习过程及方法
4. 能科学调整学习计划

二、重难点分析

重点：能执行自主学习计划

重点突破策略：教师引导发现、讲练结合，学生探究学习

难点：能科学调整计划

难点化解策略：教师引导发现、讲练结合，学生探究学习

三、学习资源

演示文稿，案例等

抢答题

下列哪些行为是不自律的表现：

（1）走在马路上自觉遵守交通规则

（2）吸毒

（3）混在职场

（4）《元史·许衡传》里有这样一段记载：许衡做官之前，有一年夏天外出，天热感觉口渴难耐，

续表

刚好道旁有棵梨树，众人争相摘梨解渴，唯独许衡不为之所动。有人问他为何不摘？他回答说："不是自己的梨，岂能乱摘！"那人劝解道："乱世之时，这梨是没有主人的。"许衡正色道："梨无主人，难道我心中也无主吗？"终不摘梨

（5）非电竞职业打游戏到天亮

（6）白玉霜是著名评剧演员，演技很高，被人称做"评剧皇后"。她不论三伏酷暑，还是三九严冬，一有时间就去练功、练嗓子。有人对她说："你已经成名了，干吗还这么苦练？"她笑笑说："戏是无止境的。"

（7）随手扔掉垃圾

（8）柳传志本人在守时方面的表现令人惊叹。有一次，他到中国人民大学演讲，为了不迟到，他特意早到半个小时，在会场外坐在车里等待。开会前10分钟他从车里出来，到会场时一分不差

四、教学实施过程

<table>
<tr><th colspan="2">教学环节（时间）</th><th>学习内容</th><th>师生活动</th><th>教学手段</th><th>教学方法</th></tr>
<tr><td colspan="2">课前</td><td>完成本课活动任务</td><td>完成本课活动任务——第一阶段集训日程计划表</td><td></td><td>翻转课堂法</td></tr>
<tr><td rowspan="2">课中</td><td>创设情境，引入课题（5分钟）</td><td>引入自律、执行力</td><td>讨论教材中王洋的案例，从王洋的表现中，思考：
王洋同学的问题出在哪里呢？是没有计划，还是没有安排好时间？
明确：王洋缺乏的是执行力。手机、他人相邀、打游戏、看剧，在这些干扰面前随波逐流，这样的学习当然不会有收获</td><td>以情景导入，引出本次课学习重点</td><td>案例法</td></tr>
<tr><td>教授新课（70分钟）</td><td>自律与执行学习计划</td><td>1. 学生回答抢答题，明确：（2）（3）（5）（7）都是不自律的行为
分析：以（4）为例，面对饥渴的诱惑，许衡因心中有"主"而无动于衷。许衡心目中的"主"无疑就是自律、自重、自爱，有了这种"主"，便会洁身自好，才能牢牢把握住自己</td><td>锻炼学生的分析归纳能力，通过问题的提出引导学生体会目标在实现计划中的重要性</td><td>讲授法</td></tr>
</table>

续表

<table>
<tr><th colspan="2">教学环节（时间）</th><th>学习内容</th><th>师生活动</th><th>教学手段</th><th>教学方法</th></tr>
<tr><td rowspan="2">课中</td><td rowspan="2">教授新课（70分钟）</td><td>自律与执行学习计划</td><td>2. 什么是自律？
（1）叙述自己自律的表现及不自律的表现，不得少于3条
（2）归纳何谓自律？
3. 自律与监督的关系
（1）谈谈自己有哪些不自律的表现？
（2）讨论：游戏是干扰我们学习的重要因素，那么非电竞专业的同学，怎样处理好网络游戏与学习的关系呢？
明确：监督是指被动地接受来自外界施加于自身的规则和看管；而自律则是主观的、能动的适应
4. 什么是执行力？
每天至少有1小时“不被干扰”，交流完成情况及过程中遇到的困难及解决办法
明确：执行力就是保质保量、不折不扣地完成各项任务</td><td>通过作业的反馈和交流，体会自律及执行力的重要，并能找到适合自己的保持自律和执行力的方法</td><td>讨论法、归纳法、案例法</td></tr>
<tr><td>总结反思与调整学习计划</td><td>1. 针对课前布置的任务，分析点评学生作业
阅读《某技校生的每一天》回答问题
明确：该同学在时间安排上，看剧、打游戏的时间过多，应进行调整；自习时间可安排学习自主学习的内容；看剧的时间与打游戏的时间每天不能超过1小时。剩余时间用来学习自己选择的内容
2. 归纳：在执行的过程中，为什么有时候执行不下去？这时需要我们认真反思，及时发现问题，找出难以执行的原因，然后对学习计划进行调整，为后续的学习提供经验和教训</td><td>通过点评作业使学生懂得如何调整学习计划</td><td>讨论法</td></tr>
</table>

续表

<table>
<tr><td colspan="2">教学环节（时间）</td><td>学习内容</td><td>师生活动</td><td>教学手段</td><td>教学方法</td></tr>
<tr><td>课中</td><td>归纳小结（5分钟）</td><td>自律与执行学习计划
反思与调整学习计划</td><td>学生交流在本节课学习中的体会、收获</td><td></td><td>归纳法</td></tr>
<tr><td colspan="2">课后</td><td>完成作业</td><td>完成第三单元第一课翻转课堂习题</td><td></td><td></td></tr>
<tr><td colspan="6">五、学业评价</td></tr>
</table>

针对课前布置的任务，分析点评学生作业

安排时间表，要考虑完成集训目标相关课程的顺序、轻重缓急，据此考虑每日的合理时间安排

· 专业训练课时

· 错题分析课时

· 自我提升训练课时

· 专家讲座课时

根据上述结果，排列集训活动日程表，表格形式如下：

内容/时间	星期一	星期二	星期三	星期四	星期五
8：40—8：55					
9：00—11：30					
11：30—13：30					
14：00—16：00					
16：00—16：40					
19：00—21：00					

教学设计 2

广西南宁技师学院　张清梅

<table>
<tr><td>教学单元/课</td><td>第二单元/第二课</td><td>课时</td><td>2（第 1、2 课时）</td></tr>
<tr><td>教学内容</td><td colspan="3">1. 制订学习计划的意义
2. 制订学习计划的基本步骤
3. 四象限法则（分清学习任务的轻重缓急）
4. 准确整合学习时间、化零为整，制订有效学习计划</td></tr>
<tr><td colspan="4">一、教学目标</td></tr>
<tr><td colspan="4">通用职业知识目标：
1. 能说出为什么要制订学习计划
2. 能够陈述制订学习计划的基本步骤
通用职业能力目标：
1. 能用四象限法则分清学习任务的轻重缓急
2. 能准确整合学习时间，化零为整，制订有效学习计划
3. 能通过自我思考、小组合作，提升表达、合作能力</td></tr>
<tr><td colspan="4">二、重难点分析</td></tr>
<tr><td colspan="4">重点：分清学习任务的轻重缓急
重点突破策略：通过小组合作用四象限法则分析案例，并派代表陈述学习任务的轻重缓急，其他小组指出不足，以掌握分清学习任务的轻重缓急的方法
难点：准确整合学习时间、化零为整，制订有效学习计划
难点化解策略：通过拼图游戏活动，激发学生学习兴趣，培养学生合理分配时间，化零为整，制订有效学习计划</td></tr>
<tr><td colspan="4">三、学习资源</td></tr>
<tr><td colspan="4">A4 白纸、瘦身计划表、拼图游戏盒、演示文稿、微课、拼图游戏活动计划表等</td></tr>
<tr><td colspan="4">四、教学实施过程</td></tr>
</table>

教学环节（时间）	学习内容	师生活动	教学手段	教学方法
课前	计划的重要性和计划的基本步骤	1. 教师在雨课堂发布《瘦身》和《四象限法则》微课和瘦身计划表 2. 学生观看《瘦身》微课，并填写瘦身计划表	自主学习微课《瘦身》	翻转课堂法

续表

教学环节（时间）		学习内容	师生活动	教学手段	教学方法
课中	明确目标（2分钟）	明确本次课的学习目标，展示本次学习任务	教师交代本节课的任务与学习目标，学生接收任务并了解本节课学习目标，读懂任务要求 任务描述： 踏入校园，面对丰富多彩的校园活动，你如何在参加各项活动的同时，不影响学习？小明同学很困惑，他请我们帮忙整合学习时间、化零为整，有效制订一份一周学习计划	演示文稿	讲授法
	微课学习（5分钟）	为什么要制订学习计划？	1. 教师提出问题：《瘦身》微课中瘦身成功的关键点是什么？ 2. 让各组回答问题 3. 各组展示瘦身计划表，并进行点评	提高学习积极性，明确制订计划的重要性	提问法
	撕纸活动（15分钟）	制订学习计划的基本步骤（三要素）：目标、步骤、措施	1. 教师指导学生进行撕纸活动 （1）学生闭眼，按照教师口令撕纸 （2）学生睁眼，按照教师的要求有目标、有计划地进行撕纸 2. 分析游戏结果，总结制订学习计划的基本步骤	提出挑战、激发学生好胜心。将枯燥的学习融入趣味性	游戏法
	“找茬”活动（25分钟）	分清学习任务的轻重缓急	1. 教师展示 4 个不同案例，要求各组讨论完成任务轻重缓急的排序 2. 学生小组合作用四象限法则分析案例，并派代表陈述学习任务的轻重缓急并分析，其他各组指出不足，并说出理由 3. 展示课前《四象限法则》微课学习情况，并进行点评	通过“找茬”活动和团队合作，激发学生学习动机，从而化解学习重点	小组合作法

续表

教学环节（时间）		学习内容	师生活动	教学手段	教学方法
课中	拼图活动（28分钟）	准确整合学习时间，化零为整，制订有效学习计划	1. 教师指导学生完成拼图游戏活动 2. 各组制订活动计划，派出一名观察者到其他小组进行观察组的拼图过程，并在活动结束后说出观察的情况，其他成员按计划进行拼图 3. 教师点评各组活动情况 4. 各组同学为小明制订一份周学习计划，并上传至雨课堂	通过指导学生完成拼图游戏活动，激发学生学习兴趣，培养学生合理分配时间，有效化零为整，从而突破教学难点	游戏法
	总结评价（5分钟）	课堂小结	各组展示活动计划表，教师小结本课学习内容，并布置作业 学生利用课后时间观看《四象限法则》微课并完成教材中世界技能大赛平面设计技术项目集训日程计划表，并上传至雨课堂	培养学生听说等职业素养	讲授法
课后		完成作业			
五、学业评价					
瘦身计划表、拼图游戏活动计划表、四象限法则表完成情况					

教学设计 3

龙岩技师学院　涂钊榕

<table>
<tr><td>教学单元/课</td><td>第二单元/第二课</td><td>课时</td><td>2（第 1、2 课时）</td></tr>
<tr><td>教学内容</td><td colspan="3">1. 制订切实可行的学习计划
2. 合理分配与管理学习时间</td></tr>
<tr><td colspan="4">一、教学目标</td></tr>
<tr><td colspan="4">通用职业知识目标：
1. 结合自身现状了解制订学习计划的意义
2. 经历学习计划的制订过程，领会计划的三要素
通用职业能力目标：
1. 掌握制订学习计划的基本步骤
2. 通过对学习任务的轻重缓急及时间管理的分析，合理分配与管理学习时间，进一步完善学习计划</td></tr>
<tr><td colspan="4">二、重难点分析</td></tr>
<tr><td colspan="4">重点：合理分配与管理学习时间
重点突破策略：教师引导发现、讲练结合，学生探究学习
难点：合理分配与管理学习时间
难点化解策略：教师引导发现、讲练结合，学生探究学习</td></tr>
<tr><td colspan="4">三、学习资源</td></tr>
<tr><td colspan="4">案例一：2019 年福建省职业院校技能大赛“电子电路装调与应用”赛项竞赛日程计划表
<table>
<tr><td>竞赛日程</td><td>内容</td></tr>
<tr><td rowspan="4">第一天</td><td>各参赛队报到</td></tr>
<tr><td>领队会（赛场纪律和赛场要求）</td></tr>
<tr><td>参赛队熟悉场地</td></tr>
<tr><td>赛场封闭</td></tr>
<tr><td rowspan="4">第二天</td><td>参赛队赛场检录抽签、自带工具检查、禁带物品上交</td></tr>
<tr><td>参赛队加密、设备检查确认、题目发放</td></tr>
<tr><td>参赛队竞赛</td></tr>
<tr><td>参赛队评分核分</td></tr>
<tr><td>第三天</td><td>赛项点评、公布成绩</td></tr>
</table>
案例二：“新任务导向型”的小王
小王下午在做公司介绍演示文稿的时候，同事过来说：“我们开会讨论一下给客户的提案吧。”小王看看演示文稿，觉得可以开完会再做，就去开会了。等开完会，重新打开演示文稿的时候，就</td></tr>
</table>

续表

在回想：刚才做到哪里了？想到一半，这个时候领导打电话：“给我准备几份公司材料的复印件。”小王就跑去给领导复印资料。这样忙忙碌碌，等到下班的时候演示文稿还没有做完，只好自己加班工作。

案例三：“高效完成导向型”的小李

小李学习过时间管理，在下午做公司介绍演示文稿的时候，同事说：“我们待会儿开会讨论一下客户提案吧。”

小李说：“这个方案今天下午一定要提交，我大约还要1个小时才能完成。现在2点，我们3点开会，好吗？你可以把要讨论的议题和建议列出来，到时候我们节约讨论时间。”大多数会议都没有紧急到1个小时都不能协调，同事也就同意了。

小李继续做演示文稿，这个时候领导打电话：“给我准备几份公司材料的复印件。”小李问：“什么时候要？”领导说：“明天我见客户要带着。”小李说：“好的，我下班前给您送过去。”然后在待办事项上记录下这个任务，继续做演示文稿。

下午3点钟，小李的演示文稿基本做完，还差一点收尾。他记下要收尾的内容计划，然后去开会，开完会顺便给领导复印了资料。离下班还有半小时，他完成了演示文稿最后的收尾工作

四、教学实施过程

教学环节（时间）		学习内容	师生活动	教学手段	教学方法
课前			请学生根据自己的情况制订一个学习计划		翻转课堂法
课中	创设情境，引入课题（5分钟）	讨论案例一	学生小组讨论此计划的科学性、完整性，并以抢答形式由小组代表发言	体验计划在学习、生活中的应用，从学生身边实例引入，激发学生的学习兴趣，顺理成章地过渡到本节课要讨论的话题	案例法
	归纳探索，形成概念（55分钟）	为什么要制订学习计划	活动一：回忆自己曾经的一个“梦”，现在是否已实现？为什么？ 教师引导从有无计划这个点分析	锻炼学生的分析归纳能力，通过问题的提出引导学生体会计划在目标实现中的重要性	讲授法

续表

教学环节（时间）		学习内容	师生活动	教学手段	教学方法
课中	归纳探索，形成概念（55分钟）	制订学习计划的基本步骤	活动二：展示你的一个学习计划，并阐述此计划的目标、步骤、措施（每个小组代表展示计划，由其他小组代表发言点评，教师最后点评，引导学生归纳总结出制订学习计划的基本步骤）	学生根据教师的引导，思考并积极发言，加深对制订学习计划的基本步骤的理解	归纳法
		合理分配与管理学习时间	1. 分析学习任务的轻重缓急 （课前预先让学生了解和分析案例二和案例三）以抢答形式由小组代表讲述看完两个案例的感受，并说明自己像他们中的哪一个，教师对学生的课前作业进行点评，同时引出在合理分配与管理学习时间中需分清学习任务的轻重缓急，并给出时间管理的四象限法则 2. 整合学习时间，化零为整 案例四：郭明的英语练成记（教材案例） 由学生分析郭明每天学习英语的时间是怎样来的，教师引出在合理分配与管理学习时间中需整合学习时间，化零为整	通过正反例的对比，利于学生加深对分清学习任务轻重缓急的重要性的理解，并掌握时间管理的四象限法则	案例法、讨论法
			3. 养成记录时间的习惯 活动三：记录近一个星期的时间（课前一个星期开始记录），总结浪费时间的根源，阐述做出的调整结果（每个小组代表展示，教师逐一点评，并提出保持记录时间的习惯的要求及阐述其重要性）	通过活动三使学生初步养成记录时间的习惯	实训法
	巩固应用、练习反馈（15分钟）	合理分配与管理学习时间	活动四：根据今天所学内容重新设计案例一：2019年福建省职业院校技能大赛“电子电路装调与应用”赛项竞赛日程计划表（小组讨论展示结果，教师再给出正式竞赛规程里的竞赛日程表供学生对比、学习）	通过活动四检验此次课程的学习效果、反馈	

续表

<table>
<tr><th colspan="2">教学环节（时间）</th><th>学习内容</th><th>师生活动</th><th>教学手段</th><th>教学方法</th></tr>
<tr><td>课中</td><td>归纳小结（5分钟）</td><td>课堂小结</td><td>学生交流本节课学习体会、收获，师生合作共同完成小结</td><td>演示文稿</td><td>讨论法</td></tr>
<tr><td colspan="2">课后</td><td>布置作业</td><td>根据上周记录的时间，为在接下来的一周内读完一本书制订一个学习计划</td><td></td><td></td></tr>
</table>

教学设计 4

哈尔滨技师学院　所妍

<table>
<tr><td>教学单元/课</td><td>第二单元/第二课</td><td>课时</td><td>2（第 3、4 课时）</td></tr>
<tr><td>教学内容</td><td colspan="3">1. 制订学习计划的必要性和制订学习计划的基本步骤
2. 合理分配与管理学习时间的方法
3. 自律的重要性和执行学习计划的简单方法
4. 总结反思调整学习计划</td></tr>
<tr><td colspan="4">一、教学目标</td></tr>
<tr><td colspan="4">通用职业知识目标：
1. 能说出制订学习计划的必要性和制订学习计划的基本步骤
2. 能用四象限法则分析学习任务的轻重缓急
3. 能意识到自律的重要性，提高自律性执行学习计划
通用职业能力目标：
1. 能化零为整，合理整合学习时间
2. 能通过自我思考、小组合作，提升理解、表达、合作能力</td></tr>
<tr><td colspan="4">二、重难点分析</td></tr>
<tr><td colspan="4">重点：分清学习任务的轻重缓急
重点突破策略：给出案例（八个学习任务），学生分四组，每组两个任务，运用四象限法则进行案例分析，并归类哪个象限，分出轻重缓急
难点：整合学习时间，化零为整
难点化解策略：将多项学习内容做成四份同样的卡片，每小组一份，进行计划安排，分析比较出各项内容零散安排还是整合安排</td></tr>
<tr><td colspan="4">三、学习资源</td></tr>
<tr><td colspan="4">学习过程记录表、彩色卡纸、白板笔、计时器、描红纸、番茄记录表格、案例、学生课堂评价表、微课视频等</td></tr>
<tr><td colspan="4">四、教学实施过程</td></tr>
</table>

教学环节（时间）	学习内容	师生活动	教学手段	教学方法
课前	时间管理的四象限法则	发给学生微课视频，由学生先行自学		翻转课堂法

续表

教学环节（时间）		学习内容	师生活动	教学手段	教学方法
课中	环节一：任务回顾，明确目标（5分钟）	1. 回顾学习任务 2. 明确本次课的学习目标	教师：布置本节课的任务与学习目标 学生：接受任务，明确学习目标	演示文稿	讲授法
	环节二：学习需要制订计划的原因；制订学习计划的步骤（10分钟）	1. 学习内容一 “无计划和有计划”图片 2. 学习活动一 连线：展示计划三要素，对应做什么、分几步做、怎样做	教师：展示图片，多项任务的堆砌与有条理的计划 学生：选出能顺利执行的选项，并总结制订学习计划的原因 学生：进行连线，明确计划三要素的内涵	学习过程记录表 通过教师提问和游戏环节，进行翻转课堂教学，为课堂教学铺垫	游戏法
	环节三：分配与管理学习时间（40分钟）	1. 学习活动二： 给出期末前夕四件事，进行分析 2. 学习内容二： 运用四象限法则分清学习任务的轻重缓急 3. 学习活动三： 摆一摆：时间安排是零散还是整合 4. 学习内容三： 整合学习时间，化零为整 5. 学习内容四： 养成记录时间的习惯	教师：给出期末前夕四个学习任务：周一技能选拔赛、周五闭卷考试、周三给同学们发作业本、周二看电影等 学生：分四组分析讨论四件事，将内容卡纸粘贴到白板对应的四个象限内，并将讨论得出的理由原因写在白纸上，由小组代表陈述 教师：将上课、吃饭、运动、看手机、聊天等活动做成卡片形式，分发给四个小组 学生：进行计划安排，互相比较分析，是分开安排做好还是归到一起做比较好？最终得出结论 “吾日三省吾身”也可以运用到时间管理上	彩色卡纸、记号笔、学习过程记录表	案例教学法、游戏法、小组讨论法、比较法、讲授法

续表

教学环节（时间）		学习内容	师生活动	教学手段	教学方法
课中	环节四：自律与执行学习计划（10分钟）	1. 学习活动四：比较自律执行与间断执行的差别 2. 学习内容五：如何提高自律性执行学习计划？	学生：阅读案例，分析原因 教师：总结自律的重要性 教师：下发一页描红，要求学生专注两分钟进行描红，计时器进行定时，中间教师打断一两位同学 学生：完成教师布置的任务，并将结果进行对比，体会自律和执行力对计划落实的重要性和必要性 教师：向学生简单介绍番茄时间管理方法 学生：根据番茄记录表格，了解操作方法	番茄记录表格、学习过程记录表 通过对比实践结果，使学生对自律和执行计划的重要性有切身的体会	案例教学法、比较法
	环节五：总结反思与调整学习计划（10分钟）	学习内容六：反思和调整学习计划的步骤	教师：按着从结果到过程倒推调整步骤		讲授法
	环节六：总结评价（5分钟）	1. 学生自评，组内互评，教师评价 2. 课堂总结	学生：填写相应的课堂评价表格 教师：总结本节课学习内容，布置课后作业	学生课堂评价表	
课后		布置作业	完成第三单元第一课翻转课堂习题		
五、学业评价					
学习过程记录表、学生课堂评价表，以及课后作业完成情况					

第三单元　运用科学的学习方法

第一课　陈述性知识学习方法及应用

教学设计 1

江西省化学工业高级技工学校　应康

<table>
<tr><td>教学单元</td><td colspan="3">第三单元/第一课</td></tr>
<tr><td>教学主题</td><td>归纳类比、对比组合</td><td>课时</td><td>2（第 1、2 课时）</td></tr>
<tr><td colspan="4">一、教学目标</td></tr>
<tr><td colspan="4">情感态度价值观目标：获得运用新知识达成任务目标的成功体验，增强将知识转化为职业技能的信心，进一步树立科学的学习态度
职业基本意识目标：建立起遇到学习瓶颈、工作难题时，不畏难、不避难，运用科学方法主动破解难题的自强意识
通用职业知识目标：理解归纳类比、对比组合两种学习方法的概念，掌握上述两种学习方法的实际应用
通用职业能力目标：能够自主运用归纳类比、对比组合两种学习方法，分析和解决学习、工作中遇到的实际问题</td></tr>
<tr><td colspan="4">二、教学内容</td></tr>
<tr><td colspan="4">1. 归纳类比的概念
2. 归纳类比的应用
3. 对比组合的概念
4. 对比组合的应用</td></tr>
<tr><td colspan="4">三、重难点分析</td></tr>
<tr><td colspan="4">重点：理解归纳类比、对比组合的实质内涵
重点突破策略：情景模拟教学。将抽象生僻的概念知识，转换为学生理解并熟悉的话题进行讨论，按照“一个任务、多项活动、双向评价”的教学设计，通过实操让学生理解掌握两种学习方法的实质内涵</td></tr>
</table>

续表

难点：应用归纳类比、对比组合解决实际问题 **难点化解策略**：沉浸式体验教学。以吸引学生兴趣的话题为抓手，选择学生熟悉并喜爱的案例为背景，设置一系列相关课堂任务与活动，引导学生主动投入到新知识的学习与应用中，在不知不觉中掌握两种方法的实际应用				
四、学习资源				
教材、多媒体课件、黑板、案例等				
五、教学实施过程				
教学环节（时间）	学习内容	师生活动	教学手段	教学方法
课前准备		1. 提前将全班同学分为若干小组 2. 设置小组计分表		
新课导入（10分钟）	1. 故事导入《庄子说剑》（引自《庄子·杂篇》） 庄子觐见赵文王，献上庶民之剑、诸侯之剑、天子之剑三把“宝剑”的历史典故。请问： （1）赵文王应该选择哪一把“宝剑”？ （2）这个故事带给我们什么启发？ 2. 问题引导 向学生提问：有什么帮助学习的“宝剑”吗？ 3. 教师讲授正确游戏观，告诫学生不要沉迷游戏	1. 教师讲述故事，学生以小组为单位讨论后回答提问。引导学生理解： （1）赵文王应选择“天子之剑” （2）工欲善其事必先利其器，选择正确的方法就是我们提升学习效率的“利器” 2. 教师在故事导入的基础上，提出新的问题。引导学生思辨： （1）学习的“宝剑”之一，就是正确的学习方法 （2）本节课将介绍归纳类比、对比组合两把有助于学习的“宝剑” （3）树立适度游戏有益放松身心、沉迷游戏荒废学业人生的正确人生观	多媒体课件	讲授法、案例教学法

续表

教学环节（时间）	学习内容	师生活动	教学手段	教学方法
布置任务（5分钟）	布置任务：分析英雄联盟中英雄角色的取舍与调整 作为一款广受青少年欢迎的游戏，英雄联盟中的英雄角色随着游戏版本更替也不断发生着变化 （1）请以小组为单位，运用本节课所学的方法，分析游戏公司是如何对英雄角色进行取舍与调整的 （2）完成任务报告并于下次课提交	1. 教师预先布置课后任务，介绍任务背景、任务分配及要求 2. 学生带着任务开展课堂活动，以任务驱动学习动力 3. 选择学生熟悉并感兴趣的任务背景，将学生吸引到教学活动中来	多媒体课件	讲授法、案例教学法、讨论法
归纳法的概念与应用（15分钟）	1. 小组活动1： 老师为了拉近和同学们的关系，决定加入英雄联盟玩家行列。然而当老师面对形形色色的游戏英雄时，却陷入了不知选谁的迷惘中 （1）游戏中的英雄角色可以分类吗？ （2）请为老师选择英雄提出建议 2. 在活动的基础上，讲解归纳法的概念与应用	1. 教师介绍小组活动：请为老师选择英雄角色提供建议 2. 学生分组讨论后，选派代表阐述观点 3. 引导学生思辨： （1）按照特点，可将英雄角色分为坦克型英雄、战士型英雄、辅助型英雄等类别 （2）以上过程所使用的方法，就是归纳法——从个别事件中提取出共同属性，形成一般原则的推理过程	多媒体课件	讲授法、案例教学法、讨论法

续表

教学环节（时间）	学习内容	师生活动	教学手段	教学方法
类比法的概念与应用（15分钟）	1. 小组活动2： 根据同学们的建议，老师决定选择战士型英雄，于是选择了“盲僧”这一角色。而很多同学却表示反对，认为老师应选择更适合新手玩家的“德玛”角色 （1）这两个角色有何异同之处？ （2）玩好“德玛”，对老师玩好“盲僧”有什么帮助吗？ 2. 在活动的基础上，讲解类比法的概念与应用	1. 教师介绍小组活动：请向老师说明，为何说他选错了英雄？ 2. 学生分组讨论后，选派代表阐述观点 3. 引导学生思辨： （1）这两个角色的共性是同为战士型英雄，差异是一个操作简单，一个操作复杂 （2）游戏角色的选择要从易到难，掌握了操作简单的角色，再玩复杂角色就容易了 （3）以上过程所使用的方法，就是类比法：类比法可以帮助我们通过已知事物去理解更复杂、更陌生的新事物	多媒体课件	讲授法、案例教学法、讨论法
运用归纳类比法应注意的问题（15分钟）	1. 小组活动3： 听了你们的建议之后，老师决定选择坦克型英雄。你却发现老师选择了并不适合充当坦克的英雄当起了“坦克”。老师疑惑到：“不是你教我血厚、防高、攻击弱的角色是坦克型英雄吗？” （1）该如何向老师解释呢？ （2）为何会出现这种错误？ 2. 在活动的基础上，讲解归纳类比法在应用中需要注意的问题	1. 教师介绍小组活动：请向老师说明，为何他又一次选错了英雄？ 2. 学生分组讨论后，选派代表阐述观点 3. 引导学生思辨： （1）血厚、防高、攻击弱的角色大多是坦克型英雄，但并非所有符合上述条件的英雄都必然是坦克型英雄 （2）使用归纳类比法时，要避免以偏概全的错误 （3）明白何时、何地、何种情况适合采用归纳类比法	多媒体课件	讲授法、案例教学法、讨论法

续表

教学环节（时间）	学习内容	师生活动	教学手段	教学方法
对比组合的概念与应用（15分钟）	1. 小组活动4： 王者荣耀是另一款深受青少年喜爱的游戏。王者荣耀与英雄联盟在游戏玩法、美术风格上均有诸多相似之处，老师在两款游戏之间无法取舍 （1）上述两款游戏有何异同之处？ （2）请分析哪款游戏更适合老师？ 2. 在活动的基础上，讲解对比组合的概念与应用	1. 教师介绍小组活动：英雄联盟、王者荣耀，哪个才是你的菜？ 2. 学生分组讨论后，选派代表阐述观点 3. 引导学生思辨： （1）从客户端、难易程度、时间和金钱投入、玩法与风格等角度，对比两款游戏 （2）结合老师的年龄、时间、性格等，推荐出更适合老师的游戏 （3）以上过程所使用的方法，就是对比组合：将类似的两个对象，从多个角度、多个维度进行细致比较，找出两者的不同	多媒体课件	讲授法、案例教学法、讨论法
总结评价（15分钟）	1. 小组活动5： 教师随机在每组选出代表，以“三人轮值”小组学习法，由学生对本次课所学内容进行小结 2. 在活动的基础上，总结本次课所开展的小组活动与之对应的教学内容： （1）活动1、活动2对应：归纳类比的概念与应用 （2）活动3对应：运用归纳类比应注意的问题 （3）活动4对应：对比组合的概念与应用	1. 教师介绍小组活动“我说你听他来评” 2. 学生组成三人一组，1名学生讲述、1名学生倾听、1名学生评价，自主梳理本次课所开展的活动，总结回顾活动中所含的新知识。角色轮换三次 3. 教师进行总结，公布本次课各项活动的小组得分	多媒体课件	小组学习法、讲授法

续表

教学环节（时间）	学习内容	师生活动	教学手段	教学方法
课后：完成任务报告	以小组为单位，运用本次课所学知识，完成"分析英雄联盟中英雄角色的取舍与调整"任务报告	1. 学生课后以小组为单位完成任务报告，下次课提交 2. 教师通过课后答疑、微信等形式，协助学生完成任务报告		
六、学业评价				
1. 作业评价：小组任务报告 （1）完成报告记5分；（2）正确运用了归纳类比、对比组合记5分；（3）学生小组交叉评比第一名、第二名、第三名分别记5分、3分、2分 2. 课堂评价：小组活动得分。课堂活动中，依照每组表现依次记5分、3分、2分 3. 作业评价与课堂评价折算为百分制后，计入总评成绩				

教学设计 2

山东工业技师学院 王鑫

<table>
<tr><td>课程名称</td><td colspan="3">第三单元/第一课</td></tr>
<tr><td>教学主题</td><td>问题驱动与可视化表达</td><td>课时</td><td>2（第 3、4 课时）</td></tr>
<tr><td colspan="4">一、教学目标</td></tr>
<tr><td colspan="4">情感态度价值观：深入认识问题驱动和可视化表达学习方法的作用，认同运用科学的学习方法解决问题的能力，获得通过问题驱动和可视化表达方法解决问题的成功体验。通过本课实践，加深对独立思考、小组合作的认识，提升理解、表达和合作能力
通用职业能力：能运用问题驱动和可视化表达学习陈述性知识</td></tr>
<tr><td colspan="4">二、教学内容</td></tr>
<tr><td colspan="4">1. 问题驱动的概念
2. 学习驱动力的两个层面
3. 好问题的作用和标准
4. 如何应用问题驱动
5. 自我定义任务
6. 可视化表达的概念
7. 可视化表达的应用依据
8. 可视化表达的应用情境
9. 应用可视化表达：思维导图和黄金圈</td></tr>
<tr><td colspan="4">三、重难点分析</td></tr>
<tr><td colspan="4">重点：应用“可视化表达”方法与情境
重点化解策略：使用 App 进行简单的思维导图制作，西蒙案例分析
难点：问题驱动的应用
难点化解策略：利用学习活动五“苏格拉底之问”将任务驱动的标准与方法进行反复练习应用，通过体验加深学生的认识</td></tr>
<tr><td colspan="4">四、学习资源</td></tr>
<tr><td colspan="4">学习任务评价表、西蒙案例分析视频、智能手机、纸笔、演示文稿等</td></tr>
<tr><td colspan="4">五、教学实施过程</td></tr>
</table>

教学环节（时间）	学习内容	师生活动	教学手段	教学方法
课前准备	通读教材中本课内容，将不理解的知识点标示出来	1. 学生完成上一堂课教师下达的预习任务 2. 安排学生划分学习小组，自主推举组长	教材	六步教学法

续表

教学环节（时间）	学习内容	师生活动	教学手段	教学方法
展示本课任务，明确要求（3 分钟）	展示任务，明确要求	教师使用演示文稿展示明确学习内容及要达到的学习结果	演示文稿	讲授法
什么是问题驱动？（10 分钟）	学习活动一：为什么交通指示灯是红绿黄三种颜色？ 学习内容一：问题驱动就是为学习知识创造一个理由，通过解决问题的过程来学习	交通指示灯是全球通用的交通符号，但你有没有想过：为什么交通指示灯是红绿黄三种颜色，不是其他颜色呢？请大家分小组寻找原因 带着问题寻找答案，由此引出学习内容一“问题驱动”的概念 教师利用学生感兴趣的学习活动，提出问题；学生分组进行思考、网络搜索及讨论，给将答案最快、最准确写出来的小组加分 通过为学生创造理由，通过解决问题的过程，在实践中得出问题驱动的含义	智能手机、纸张	提问法、小组讨论法、头脑风暴法

续表

教学环节（时间）	学习内容	师生活动	教学手段	教学方法
学习驱动力的两个层面（10分钟）	学习活动二：为什么“根本停不下来”？ 学习内容二： 学习驱动力的两个层面：一是内在驱动力，如兴趣和好奇心；二是来自外部的驱动	学生周明正在读一本特别精彩的小说，入迷到忘记了吃午饭。你觉得究竟是什么原因导致他“根本停不下来”（如对小说情节的好奇心、没有周围环境的干扰等）？将周明的动机写出来，进行小组汇总 小组将这些动机进行分析：哪些是来自内在的？哪些是来自外部的？从而引出学习内容二：学习驱动力的两个层面 请学生分析自身玩游戏的动机，并进行小组讨论，将动机进行内外因的分类，看哪组同学进行得又快又准确 将日常生活上升为理性高度，帮助学生进行“学习驱动力的两个层面”的学习与理解	纸张	头脑风暴法、小组讨论法
好的问题的作用（备选内容）	学习活动三：拼一拼 学习内容三：好的问题的作用，一个好的问题可以提升学习效果，还可以充分激发学习者的好奇心	教师宣布规则，发放装有碎片化“好的问题的作用”概念的纸包，学生按照要求，将碎片化的字、词组合成句 通过游戏的方式完成学习内容三“好的问题的作用”概念的学习	装有碎片化“好的问题的作用”概念的纸包	游戏法

续表

教学环节（时间）	学习内容	师生活动	教学手段	教学方法
好的问题的标准（5分钟）	学习活动四：找出关键词 学习内容四：好的问题的标准。一是对学习者而言是有意义的，能产生“我确实需要了解这件事情”的冲动，可能的话尽量贴近真实生活中可能遇到的情景；二是难度适中，目标设置要清晰，问题难度不能太大或太小	学生阅读教材关于“好的问题的标准”，提炼关键词：有意义的、贴近生活、难度适中、目标清晰，更准确地掌握学习内容四	纸笔	关键词法

续表

教学环节（时间）	学习内容	师生活动	教学手段	教学方法
如何应用问题驱动（15分钟）	学习活动五：苏格拉底之问 学习内容五：生活任务驱动与职业工作任务驱动的应用，自我定义任务（备选内容）	苏格拉底是著名的教育家，他常常利用设问的方式教导学生。本活动中，各组学生给本专业的新生设置一个学习问题。各组派一个代表阐述本组设置的问题，他组听完后用好问题标准衡量其问题的质量 各组继续为这名本专业新生布置一个学习任务，并派代表进行阐述，他组分析该学习任务是来自生活还是职业工作，并再次根据好问题标准来进行评价 学生通过设问、设任务，反复练习如何应用问题驱动，从而引出学习内容五 本课程针对新生开展，各组在为本专业新生布置任务时，其实也是在一定程度的自我定义任务。从而令学生认识到在学习过程中也可以自己给自己定义任务，带着任务去学习，要比单纯学习效率更高	纸张	情景教学法、小组讨论法

续表

教学环节（时间）	学习内容	师生活动	教学手段	教学方法
可视化表达概念及依据（10分钟）	学习活动六：报纸的变迁 学习内容六：可视化的应用依据 1. 顺应时代要求 2. 符合人的大脑运作原理 学习活动七：比一比 学习内容七：可视化表达是通过视觉形式将知识或信息表达出来，它能帮助人们更好地理解事物之间的关系，提取出复杂文字中的抽象关系，简化认知过程，减轻认知压力，更快地掌握信息。地图、图表、图片等都是可视化非常常见的形式	通过演示文稿展示报纸的变迁，小组讨论 利用比一比图例让学生更深刻地理解概念 利用不同环节激发学生兴趣，积极参与各个教学环节，并轻松将知识理解内化，认识到可视化表达的重要性	演示文稿	小组讨论法、游戏法
认识可视化的应用情境（15分钟）	学习活动八：可视化应用的情境 学习内容九：分支状思维导图	教师利用人体血管分布图引出学习内容八：分支状思维导图，并在学习结束后应用思维导图，将之前掌握的概念进行可视化呈现 将上一教学环节教授的概念电子版内容发送给学生，学生利用课前准备的 App 制作思维导图	演示文稿、智能手机	讨论法、练习法

续表

教学环节（时间）	学习内容	师生活动	教学手段	教学方法
两种形式的思维导图及其可视化应用情境（10分钟）	学习活动九：西蒙案例分析 学习内容九：认识黄金圈并了解应用方式，将知识整合复盘	教师播放视频，学生观看，了解西蒙黄金圈 教师讲解黄金圈将长期学习结果可视化的意义 利用这些环节有效提升学生对可视化应用的认识，并可以学以致用	演示文稿、视频	案例教学法、关键词法
总结评价（12分钟）	学习活动十：我说你听他来评 学习活动十：学生填写学习任务评价表	教师安排学生利用“三人轮值”小组学习法，引导学生将本课内容进行总结和检验，并利用多人视角促进知识的全面认识 教师小结，布置课后任务	学习任务评价表	小组学习法、讲授法

六、学业评价

学习任务评价表

组别：________　　姓名：________

1. 本课学习活动的完成情况（请使用1~5的分值进行打分）

➢能通过独立思考、讨论、网络搜索等方式，准确、高效地完成学习任务 ____分

➢能够以发散的思维，寻找学习活动的答案 ____分

➢通过自我思考、小组合作，掌握如何应用问题驱动与可视化表达 ____分

2. 本课知识点理解掌握情况（请使用1~5的分值进行打分）

➢能用自己的语言说出问题驱动的含义 ____分

➢能说出学习驱动力的两个层面 ____分

➢能列举好的问题的作用和标准 ____分

➢可以用自己的语言说出可视化表达的含义 ____分

➢能说出可视化表达的应用依据 ____分

➢能列举可视化表达的应用情境 ____分

➢可以理解并实践应用思维导图和黄金圈 ____分

续表

3. 完成小组任务情况　　　　自评：____　组长评：____ A. 能独立完成组内分工任务　　B. 组员协助我完成任务 C. 组员为我完成任务　　D. 不知如何做 4. 在小组讨论中是否发言　　　　自评：____　组长评：____ A. 是，我会主动发言　　B. 是，我被要求发言 C. 没有，我没有机会发言　　D. 没有，不敢发言 5. 本课中你最感兴趣的内容（环节）是什么？   6. 本课中你对哪些问题掌握得还不确定、不清晰？

教学设计 3

河南化工技师学院　何芳

<table>
<tr><td>教学单元</td><td colspan="3">第三单元/第一课</td></tr>
<tr><td>教学主题</td><td>以教促学与倾听共享</td><td>课时</td><td>2（第 5、6 课时）</td></tr>
<tr><td colspan="4">一、教学目标</td></tr>
<tr><td colspan="4">情感态度价值观目标：获得团队协作、相互帮助的积极的情感体验
职业基本意识目标：在运用以教促学的方法过程中建立责任意识；在运用倾听与共享的方法过程中形成效益意识
通用职业知识目标：了解什么是以教促学；了解“学习金字塔”理论；理解以教促学是最高效的学习方法；理解什么是倾听和共享
通用职业能力目标：能够运用以教促学的方法促进自己的学习；能够正确运用倾听和分享的方法提升学习能力、完成学习任务</td></tr>
<tr><td colspan="4">二、教学内容</td></tr>
<tr><td colspan="4">（一）以教促学
1. 什么是以教促学？
以教促学是把教别人作为促进自己学习的方法
2. 为什么要以教促学？
（1）“学习金字塔”理论
（2）以教促学是最高效的学习方法
3. 如何应用以教促学？
（1）文字类教学
（2）视频语音类教学
（3）日常生活情境中的“教”
（二）倾听和共享
1. 什么是倾听和共享？
倾听属于有效沟通的必要部分，以求思想达成一致和感情的通畅。共享就是共同分享，与其他人一起使用或分享。倾听和共享是协作学习的基础，所谓协作学习是一种通过小组或团队的形式组织学生进行学习的策略
2. 为什么要倾听和共享？
倾听和共享比起独立学习，学习效果更好，学习更高效，在此过程中还能学习到合作的技巧，有利于与他人合作，增强团队合作能力
3. 如何应用倾听和共享？
（1）结识学习伙伴，组成学习共同体，在学习小组内分享发言，进行倾听和共享的交流
（2）主动创造相关环境进行倾听和共享</td></tr>
<tr><td colspan="4">三、重难点分析</td></tr>
<tr><td colspan="4">重点：如何应用以教促学；如何应用倾听和共享
重点突破策略：方法的学习在于实践和运用。通过最佳讲师评选活动让学生参与、实践、运</td></tr>
</table>

续表

<table>
<tr><td colspan="5">用以教促学，同时也参与体验倾听和共享
难点：如何应用以教促学；如何应用倾听和共享
难点化解策略：通过案例分析和“学习金字塔”的讲授让学生从理论方面认识到教能够有效促学，通过工匠故事汇活动让学生运用倾听与共享</td></tr>
<tr><td colspan="5">四、学习资源</td></tr>
<tr><td colspan="5">教材、案例、最佳讲师评分表（附件一）、学习过程记录表（附件二）、学习任务完成评价表（附件三）、班级微信群、蓝墨云班课</td></tr>
<tr><td colspan="5">五、教学实施过程</td></tr>
<tr><td>教学环节（时间）</td><td>学习内容</td><td>师生活动</td><td>教学手段</td><td>教学方法</td></tr>
<tr><td>课前学习</td><td>1. 课前学习任务：每人学习一个成语故事，并在小组内教给其他成员，选出讲得最好的一名同学，在课堂上讲解（也可根据学生的专业特点将“成语讲解”换成某一专业技能或专业原理的讲解）
讲授内容：
（1）成语的读音与写法
（2）成语的含义
（3）成语的出处或故事
（4）成语的用法
（5）该成语的例句展示
2. 倾听能力测试（附件四）</td><td>1. 教师将学生分组
2. 教师发布课前学习任务：××班要举办最佳讲师评选活动，请每位同学学习一个成语故事，并在小组内教给其他成员，每组选出讲得最好的一名同学，参加班级比赛
3. 学生在蓝墨云班课上参与倾听能力测试，教师分析测试结果</td><td>班级微信群、蓝墨云班课</td><td>任务驱动法、心理测试法</td></tr>
</table>

续表

教学环节（时间）	学习内容	师生活动	教学手段	教学方法
新课导入（3分钟）	案例分析：小艾学韩语（教材案例）	学生阅读案例并回答问题：小艾的韩语水平是如何提高的？为什么这种学习方法如此高效？	教材案例	启发问答法
认识以教促学（10分钟）	1. 什么是以教促学？ 以教促学是把教别人作为促进自己学习的方法 2. 为什么要以教促学？ （1）“学习金字塔”理论 （2）以教促学是最高效的学习方法 原因：1）在教授别人的过程中会产生强烈的责任感，甚至会花费比自己学习更多的时间去研究学习内容并讲解给同伴听 2）在教授别人的过程中会将自己的知识融会贯通，将知识点融合到自己已有的知识框架中，有利于提高自己的学习水平 举例：“台上十分钟，台下十年功”“教给学生一杯水，教师要有一桶水”	教师通过分析案例讲解： 1. 小艾的韩语水平是如何提高的？ 通过以教促学的方法提高的 2. 为什么以教促学的方法如此高效？ 教师讲解“学习金字塔”，并解释以教促学高效的原因	教材案例	讲授法、案例分析法

续表

教学环节（时间）	学习内容	师生活动	教学手段	教学方法
应用以教促学——自主练习（7分钟）	如何应用以教促学 1. 文字类教学 2. 视频语音类教学 3. 日常生活情境中的“教”（在本环节主要是学生独立练习以教促学的方法，如时间有限，可将本环节活动作为作业）	1. 学生练习活动 （1）用自己的话描述以教促学的含义并发布到朋友圈 （2）录制视频——讲解“学习金字塔”理论并发布到朋友圈。比一比谁的点赞最多 2. 学生分享该环节活动感受 教师总结：习得的知识，讲出来与不讲出来，感觉大不同。在用自己的话讲授的过程中，需要思考如何能讲解得清楚又有趣，这就是知识不断迭代的过程，也是自己成长的过程	微信朋友圈	练习法

续表

教学环节（时间）	学习内容	师生活动	教学手段	教学方法
应用以教促学——最佳讲师评选（30分钟）	如何应用以教促学（在本环节进行以教促学的展示与评价活动。课前学习中布置的成语讲解在本环节进行展示）	1. 最佳讲师评选活动 每组在课前学习中选出学生讲师进行成语讲解与展示 2. 其他同学作为“学生”认真听讲，依据最佳讲师评分表（附件一）给每组的展示讲解打分。得分最高的“讲师”可评为“最佳讲师”并颁发奖品鼓励。每组在卡纸条上写出讲解的优点、缺点和改进意见，并张贴到黑板上 3. 分享感受 教师引导学生分享：讲之前需要做什么准备工作？（需要备课，把要讲授的内容弄明白、搞清楚）自己有什么收获？（对该成语有深刻的理解和印象）其他组的评价对你有帮助吗？（有利于自我提升） 4. 教师总结：（1）习得的知识，讲出来与不讲出来，感觉大不同。在用自己的话讲授的过程中，需要思考如何能讲解得清楚又有趣，这就是知识不断迭代的过程，也是自己成长的过程。（2）刚才在同学讲解成语的时候，其他同学都在认真地听并提出了改进意见，帮助这些同学更好的进步。这其实就运用到了另一个重要的学习方法——倾听与共享	最佳讲师评分表	小组合作学习法

续表

教学环节（时间）	学习内容	师生活动	教学手段	教学方法
启发思考——什么是倾听和共享？(5分钟)	什么是倾听和共享？ 倾听，属于有效沟通的必要部分，以求思想达成一致和感情的通畅。共享，就是共同分享，与其他人一起使用或分享。倾听和共享是协作学习的基础，所谓协作学习是一种通过小组或团队的形式组织学生进行学习的策略。在协作学习中，小组成员之间通过倾听和共享进行相互交流，相比于个人独立学习，能学到更多的东西	1. 教师提问：同学们在上一个环节“最佳讲师评选”中已经体验了倾听和分享，你能否用自己的话说一说什么是倾听和共享？ 2. 学生发言 3. 教师总结：个人的能力是有限的，而集体的智慧是无穷的。倾听和共享是小组学习的方法，通过倾听他人的意见可以帮助自己快速获取信息，高效完成任务。其中，倾听是基础，共享是目的。例如，在最佳讲师评选活动中，每个人只准备了一个成语，但是通过分享，我们在短短的时间内学习了多个成语。倾听和共享让学习更高效	教材	启发问答法

续表

教学环节（时间）	学习内容	师生活动	教学手段	教学方法
案例分析——为什么要倾听和共享？（10分钟）	1. 为什么要倾听和共享？ 倾听和共享比独立学习更高效，在此过程中还能学习到合作的技巧，有利于与他人合作，增强团队合作能力 2. 案例一（反面案例） 播放视频：学生上课实录（一学生在回答问题，其他学生没有听反而窃窃私语） 3. 案例二（正面案例） 富兰克林案例（教材案例）	1. 教师播放案例一视频并提问：视频中的场景有什么问题？（学生不善于倾听，结合课前学习中的倾听小测试指出学生不善于倾听的问题） 2. 教师引导学生阅读富兰克林案例，并提问：富兰克林是如何学习的？与刚才的视频相比，谁的学习更加有效？	教材案例、视频（需教师提前录制准备）	案例分析法、启发问答法
实践运用——如何应用倾听和共享？（20分钟）	通过工匠故事汇活动让学生体验和练习倾听和共享	1. 工匠故事汇活动：每组派一名学生代表讲一个大国工匠的事迹，其他同学认真倾听。听完后对该生的讲述进行评价 2. 教师总结：我们只准备了一个工匠事迹，但是通过小组分享的活动，认识了更多的大国工匠。倾听和共享可以更高效地完成学习任务，能学习到更多，视野也更宽广	多媒体设备	游戏活动法、启发问答法

续表

教学环节（时间）	学习内容	师生活动	教学手段	教学方法
小结回顾（5 分钟）	通过“三人轮值”活动复习本节课的主要内容： 1. 什么是以教促学？ 2. 为什么要以教促学？ 3. 如何运用以教促学？ 4. 什么是倾听和共享？ 5. 为什么要倾听和共享？ 6. 如何运用倾听和共享？	1. 教师安排学生利用“三人轮值”活动，引导学生自主小结本节课的知识点 学生自愿组成三人一组：A 讲，B 听，C 评价。角色轮换三次 讲的内容：今天学到的印象最深的知识点 1~2 个 2. 教师小结，布置课后作业 3. 学生完成学习过程记录表（附件二）和学习任务完成评价表（附件三）	学习过程记录表 学习任务完成评价表	启发问答法
课后学习	运用以教促学与倾听和共享	布置作业： 1. 用自己的话描述以教促学的含义并发布到朋友圈 2. 录制视频——讲解“学习金字塔”理论并发布到朋友圈 3. 录制视频——用自己的话讲解“什么是倾听和共享”“为什么要倾听和共享”并发布到朋友圈 4. 以小组为单位，每人 5 分钟的故事接龙（可根据情况从中挑选）	微信	自主学习法
六、学业评价				
教师评价：课堂评价+课后作业评价 小组评价：最佳讲师评分表（附件一） 自我评价：完成学习过程记录表（附件二）和学习任务完成评价表（附件三）				

续表

<table>
<tr><td>七、教学反思</td></tr>
<tr><td>1. 最佳讲师评选活动作为以教促学的展示活动可根据学生专业特点或兴趣爱好更换成专业技能、专业知识的讲解
2. 工匠故事汇活动旨在让学生体验和参与倾听和共享，同时熟悉并弘扬工匠精神，也可根据实际需要换成其他有关倾听和共享的主题活动
3. 最佳讲师评选活动旨在让学生实践、应用以教促学，同时通过“讲”“听”“评”的过程让学生体验倾听与共享，以一个学习活动实现以教促学和倾听与共享两种学习方法的运用</td></tr>
</table>

附件一

最佳讲师评分表

小组名称： 讲师姓名：

<table>
<tr><th>序号</th><th colspan="2">评价标准（满分 10 分，每项 1 分）</th><th>得分</th></tr>
<tr><td>1</td><td rowspan="5">讲解内容</td><td>成语的读音与写法</td><td></td></tr>
<tr><td>2</td><td>成语的含义</td><td></td></tr>
<tr><td>3</td><td>成语的出处或故事</td><td></td></tr>
<tr><td>4</td><td>成语的用法</td><td></td></tr>
<tr><td>5</td><td>成语的例句展示</td><td></td></tr>
<tr><td>6</td><td rowspan="4">语言表达</td><td>声音洪亮</td><td></td></tr>
<tr><td>7</td><td>讲解流畅自然</td><td></td></tr>
<tr><td>8</td><td>普通话标准，吐字清晰</td><td></td></tr>
<tr><td>9</td><td>举止得体，正确的运用手势、姿态、表情等</td><td></td></tr>
<tr><td>10</td><td>讲解效果</td><td>能听懂所讲内容</td><td></td></tr>
<tr><td colspan="3">总　分</td><td></td></tr>
<tr><td>改进意见</td><td colspan="3"></td></tr>
</table>

附件二

学习过程记录表

小组名称		姓名	
学习任务名		学习环节	以教促学 倾听和共享
学习内容	学习记录		
认识以教促学	什么是以教促学？为什么要以教促学？		
应用以教促学	如何应用以教促学？		
认识倾听和共享	什么是倾听和共享？为什么要倾听和共享？		
应用倾听和共享	如何应用倾听和共享？		

附件三

学习任务完成评价表

组名：__________　　　　姓名：__________

1. 本节课你达成学习目标的情况（打分题，请填 1~5 数字打分）

能用自己的话说出什么是以教促学　请打分______

能用自己的话解释为什么要以教促学　请打分______

能列举出运用以教促学的三种形式　请打分______

能用自己的话说出什么是倾听和共享　请打分______

能解释和说明为什么要倾听和共享　请打分______

能自主运用倾听和共享的方法进行学习　请打分______

学习活动后，能自主完成学习过程记录表　请打分______

能通过自我思考、小组合作，提升责任意识和效益意识　请打分______

能通过自我思考、小组合作，获得团结协作、互相帮助的积极情感体验　请打分______

续表

2. 你对知识点的理解掌握情况（打分题，请填1~5数字打分）	
以教促学的含义	请打分________
“学习金字塔”理论的内容	请打分________
运用以教促学的三种方式	请打分________
倾听与共享的含义	请打分________
倾听与共享的好处	请打分________
3. 能否在教师引导下思考完成学习任务	自评：________ 组长评：________
A. 独立思考完成学习任务	B. 与他人讨论完成学习任务
C. 在教师指导下完成学习任务	D. 没有完全完成学习任务
4. 在学习活动中是否发言	自评：________ 组长评：________
A. 有，我主动发言	B. 有，我被要求发言
C. 没有，我没机会发言	D. 没有，我不敢发言
5. 完成小组学习任务的情况	自评：________ 组长评：________
A. 积极承担并完成组内学习任务	B. 协助其他同学完成学习任务
C. 组员帮我完成学习任务	D. 不知如何完成学习任务
6. 本节课你最感兴趣的内容（或环节）是什么？	
7. 你还有哪些内容不明白？	

附件四

倾听能力测试

下面每一道题都可以用“A. 一贯”；“B. 多数情况下”；“C. 偶尔”；“D. 几乎从来没有”之中的一个来回答，请记下你的答案。

1. 力求听对方讲话的实质而不是他的字面意义。
2. 以身体语言表达你在入神地听对方说话。
3. 别人讲话时不急于插话，不打断对方的话。

4. 会一边听对方说话一边考虑自己的事。
5. 做到听批评意见时不激动，耐心地听对方把话说完。
6. 即使对别人的话不感兴趣，也耐心地听对方把话说完。
7. 不因为对说话者有偏见而拒绝听他说话。
8. 即使对方地位低，也要对他持称赞态度，认真地听他讲话。
9. 因某事而情绪激动或心情不好时，避免把自己的情绪发泄在他人身上。
10. 听不懂对方所说的意思时，用反问来核实他的意思。
11. 对对方的话做出回应并总结，证明你正确地理解对方的思想。
12. 鼓励对方表达出他自己的思想。
13. 利用归纳法重述对方的思想，以免曲解或漏掉对方所转达的信息。
14. 避免只听你想听的部分，注意对方的全部思想。
15. 以适当的表示鼓励对方把心里话都说出来。
16. 与对方保持适度的目光接触。
17. 既听对方的口头信息，也注意对方表达的情感。
18. 与人交谈时选用合适的位置，使对方感到舒适。
19. 能观察出对方的言语和心理是否一致。
20. 注意对方的非口头语言所表达的意思。
21. 向讲话者表达出你理解了他的情感。
22. 不匆忙下结论，不轻易判断或批评对方的话。
23. 听话时把周围的干扰因素排除到最低限度。
24. 不向讲话者提太多问题，以免对方产生防御反应。
25. 对方表达能力差时不急躁，积极引导对方把思想准确地表达出来。
26. 在必要时边听边做笔记。
27. 对方讲话速度慢时，抓住空隙整理出对方的主要思想。
28. 不指手画脚地替讲话者出主意，而是帮助对方确信自己有解决问题的办法。
29. 不伪装，认真听对方讲话。
30. 经常锻炼自己的倾听能力。

评分标准：

A，4 分；B，3 分；C，2 分；D，1 分。

分析：

总分在 105~120 分，说明你的倾听能力为“优”；89~104 分为“良”；73~88 分为“一般”；72 分以下为“有待提高”。

第二课　操作性知识学习方法及应用

教学设计 1

广州市工贸技师学院　陈波

<table>
<tr><td>教学单元</td><td colspan="3">第三单元/第二课</td></tr>
<tr><td>教学主题</td><td>刻意练习</td><td>课时</td><td>2（第 1、2 课时）</td></tr>
<tr><td colspan="4">一、教学目标</td></tr>
<tr><td colspan="4">情感态度价值观目标：深入认识任何有价值技能的获得都需要科学安排、勤奋练习，树立正确的学习观
职业基本意识目标：形成有目标、有针对性、科学性练习某一技能的自主学习意识
通用职业知识目标：了解刻意练习的内涵；掌握刻意练习的方法；理解各种方法之间的区别；理解技能学习过程中的滞后效应
通用职业能力目标：能运用一到多种“刻意练习”方法对自己所选作品制作或专业技能的要点制订练习计划，并在课后实施</td></tr>
<tr><td colspan="4">二、教学内容</td></tr>
<tr><td colspan="4">1. 刻意练习的概念
2. 刻意练习的方法
（1）向高手学习
（2）将学习任务进行分解，分为若干小目标
（3）在学习区学习
（4）分散练习
（5）持续获得有效的反馈
（6）创意练习
3. 刻意练习时要注意的事项
（1）滞后效应
（2）不让“没有兴趣”成为放弃的借口</td></tr>
</table>

续表

三、重难点分析

重点：理解“向高手学习”“将学习任务进行分解，分为若干小目标”“在学习区练习”“分散练习”“获得持续有效的反馈”“创意练习”六种刻意练习方法，了解各种方法的特点

重点突破策略：开展“王牌训练计划”案例分析、“画一画”等学习活动引导学生更好地理解各种刻意练习方法的特征，利用学习过程记录表（附件一）辅助学生归纳总结课堂学习要点

难点：刻意练习方法的运用

难点突破策略：课堂运用刻意练习的方法制定适合自己的作品制作或专业技能的要点练习计划，并在课后实施

四、学习资源

学习过程记录表（附件一）、学习任务完成评价表（附件二）、彩色卡纸、白板笔、A4 白纸、案例等

五、教学实施过程

教学环节（时间）	学习内容	师生活动	教学手段	教学方法
课前准备	1. 刻意练习的概念 2. 刻意练习的 6 种方法	1. 教师上传刻意练习相关知识资料至蓝墨云班课 2. 学生自行下载，课前预习	翻转课堂	小组讨论法
回顾任务，明确要求（5 分钟）	1. 回顾学习任务 运用刻意练习方法对自己所选作品制作或专业技能的要点制订练习计划 2. 明确本次课的学习目标	教师交代本节课的任务与学习目标 学生接收任务与了解本节课的学习目标	任务书、演示文稿	任务驱动

续表

教学环节（时间）	学习内容	师生活动	教学手段	教学方法
新课导入（10分钟）	学习活动一：“超强记忆力”实验 活动要求： （1）各组选一名代表，参加“超强记忆力”挑战 （2）教师以每秒1个数字的速度随机念出一个数字串，念完后，参加挑战的同学在白板上写出这个数字串 （3）教师进行核对，如果正确将进入下一轮，否则淘汰 （4）下一轮教师念的数字串将增加一位，以此类推，直至所有选手淘汰 引出观点：研究表明，人类未经训练能记住的字符串是8~10位 提问：如果通过刻意练习能记住多少呢？ 实验结果表明，在有计划地通过刻意练习后可以记住82位，甚至更多	教师宣布游戏规则，引导学习完成“超强记忆力”活动 学生小组选代表，在教师的引导下，按活动要求完成“超强记忆力”活动挑战	活动竞赛	游戏法

续表

教学环节（时间）	学习内容	师生活动	教学手段	教学方法
刻意练习的概念（5分钟）	1. 刻意练习法创立与发展 2. 学习活动二：拼一拼 要求：教师将打印的“刻意练习”概念剪成字、词等碎片化纸条，由学生重新组合，用时最短的小组获胜 3. 学习内容一：刻意练习概念 刻意练习是指在高水平导师或经典书籍的指导下，在学习区内，进行有目的、专注的、有反馈的练习的学习方法 4. 重复练习与有效练习的区别	教师宣布活动规则，发放装有“刻意练习”概念纸条的信封 学生按规则要求，将碎片化的字、词组成“刻意练习”概念 学生填写学习过程记录表	装有“刻意练习”概念的信封、学习过程记录表	讲授法、游戏法、小组讨论法
刻意练习的必要性（10分钟）	1. 人脑思考原理 工作记忆空间有限是人类认知的瓶颈，更多空间意味着是个好的思考者。如何有更多的空间？ 一种是合并，一种是压缩	教师举例说明人脑思考方式	图片	讲授法

续表

教学环节（时间）	学习内容	师生活动	教学手段	教学方法
刻意练习的必要性（10分钟）	2. “天才人物”故事 钢琴家郎朗、足球运动员贝克汉姆、世赛金牌选手张志坤的有关案例、视频 3. 马拉松、跳水项目运动员通过刻意练习，成绩提升数据 1908年，马拉松世界纪录是2小时55分18秒，当时的报纸称其为20世纪最伟大的比赛 2008年，马拉松世界纪录是2小时3分59秒 2018年，新的马拉松世界纪录诞生——2小时1分40秒	教师讲故事，分享“天才人物”比常人更刻苦练习的故事，揭示天才的真相 学生听故事，看数据	视频、案例	案例教学法
	4. 天才的真相	学生小组讨论，思考天才成功的因素 学生填写学习过程记录表	学习过程记录表	小组讨论法

续表

教学环节（时间）	学习内容	师生活动	教学手段	教学方法
刻意练习的方法（45 分钟）	学习活动三：案例分析“王牌训练计划” 越战早期美国海军飞行员水平很糟糕，为了快速具备一流飞行员的水准，制订了“王牌训练计划”。把最优秀的飞行员挑出来做教官，模拟越南实际的战场，分红军、蓝军，进行对战，让学生进行判断和决策，当天晚上教官与学员进行讨论，分享自己的思考决策过程，学员进行改正，然后再进行周而复始的训练。经过训练，参训飞行员在后期作战中取得了优异的成绩 1. 找出案例中训练计划成功的要点 2. 对于我们平时练习（训练），案例给我们什么启示？将关键词写在卡纸上，贴在白板上	教师引导学生阅读案例，完成引导问题 小组讨论，学生完成两个任务： 1. 找出案例中训练计划成功的要点 2. 小组讨论案例中的练习（训练）给我们什么启示？并将关键词写在卡纸上，粘贴在白板上	彩笔、打印的纸质案例、彩色卡纸	案例教学法、关键词法、头脑风暴法

续表

教学环节（时间）	学习内容	师生活动	教学手段	教学方法
刻意练习的方法（45分钟）	学习内容二：刻意练习的方法 （1）向高手学习 心理表征：学习训练的方法、思考判断的方式 向高手学习，就是学习高手的学习训练的方法，学习他们思考问题、决策判断的方式 （2）将学习任务进行拆解，分为若干小目标 案例分析“富兰克林学习写作”（教材） 将学习任务拆解成小目标有什么好处？	师生共同归纳，引出刻意练习方法 教师利用“王牌训练计划”案例引导学生分析“向高手学习”的特征 学生分析案例，讨论“向高手学习”的特征 教师布置案例分析任务：富兰克林是如何学习写作的？ 学生讨论归纳富兰克林学习写作的方法 学生讨论目标分解对学习目标有哪些帮助？	小组讨论、学习过程记录表、案例	小组学习法、案例分析法、讨论法
	（3）在学习区学习 舒适区：知识技能熟练掌握 学习区：学习新知识新技能 恐慌区：暂时无法学会的知识技能 人为什么喜欢待在舒适区？ 人体细胞偏爱稳定性，不愿意脱离舒适区 为什么要在学习区练习？ 学习区的练习能促进能力提升。同时，大脑与身体有无限适应力，当人体细胞长时间处于一定环境，就会逐渐适应，这也意味着自身的一次提升或改变	教师提问，由“学习骑自行车”导出学习区概念 教师设疑提问：人为什么喜欢待在舒适区？为什么要在学习区练习 学生独立思考，回答教师提问 教师引导学生得出“在学习区学习”的特征	案例解读、设疑提问	案例分析法、小组学习法

续表

教学环节（时间）	学习内容	师生活动	教学手段	教学方法
刻意练习的方法（45分钟）	（4）分散练习 在练习总时间相同的情况下，分散练习相对集中练习更有优势 1）休息和其他练习形式的插入，能使神经细胞恢复工作能力，避免和减少脑细胞产生保护抑制 2）避免因练习过多而产生前摄抑制和倒摄抑制 3）大脑有时间去思考如何应用，反思如何改进 4）分散的持续刺激可以减缓遗忘速度	教师引导学生回忆考试前突击集中复习的经历。提问：这样的复习效果好吗？几周后复习的内容还记得吗？为什么？ 学生分享自己突击复习的经历 小组讨论分析考前这种集中练习的优缺点？对比分散练习，讨论分散练习的优点 教师引导学生，归纳分散练习的优势	设置问题，学生分享	引导提问法、小组学习法

续表

教学环节（时间）	学习内容	师生活动	教学手段	教学方法
刻意练习的方法（45分钟）	学习活动四：画一画 要求：每人准备一张A4纸和一支签字笔，在教师的指令下完成下面两个任务 1）闭上眼睛在A4纸上画5条贯穿A4纸的直线 2）睁开眼睛在A4纸上再画5条贯穿A4纸的直线 睁开眼睛画的线条为什么更直？因为在睁开眼睛画线的过程中，能够持续不断获得反馈，从而修正自己的行为，所以画得更好 行为主义心理学习：认为学习是刺激—反应的联结，学习的过程是试误的过程 （5）持续获得有效反馈 看不到结果的练习等于没有练习 1）获取外部反馈 2）自我检查，获取反馈	教师引导学生参与“画一画”活动 引导学生思考讨论：为什么两次画直线有这样的区别 学生思考、讨论回答 教师引导学生讨论，引出“持续获得有效反馈”的特征	白板笔、白板、眼罩 小组讨论分享	游戏法、小组学习法
	学习活动五：记词语大赛 （6）创意练习 为什么需要创意练习 1）刻意练习是需要大量重复的练习，创意性练习会减少枯燥 2）有创意的练习能提高神经元细胞的活跃度 3）部分有创意的练习可以调动更多感官器官参与，提高学习效率	教师引导学生参与“记词语大赛”活动 教师随机念下面一组词“黑色、溪水、头发、鱼、洗发、鹅卵石、大海、帆船、哥伦布、土著”看学生能记住几个 学生参与记忆，并复述 教师引导学生将上述词语编成一段话，再测试学生记忆词语的个数 引导学生思考为什么会这样？	一组10个以上数量词语	游戏法

续表

教学环节（时间）	学习内容	师生活动	教学手段	教学方法
课堂小结（5分钟）	1. 提问：你有在学习中因为未达到自己的目标而中途放弃吗？ 2. 滞后效应 每个人学习知识和技能前期会有滞后效应，但是坎坷过后，就会快速上升。学习技能需要一些耐心，坚持一段时间再下结论 3. 刻意练习方法	教师引导学生完成学习过程记录表方法的总结 教师引导学生完成刻意练习方法归纳 学生填写学习过程记录表、学习任务完成评价表	学习过程记录表	归纳学习法
七、布置作业（1分钟）	制订自己所选专业技能操作要点练习计划，下节课展示	教师布置作业，学生领取作业		
课后	按计划完成练习			

六、学业评价

1. 学业评价方式

本次课程主要采用学生自评、小组互评为主，教师补充提炼相结合的评价方式。评价内容以教学目标为依据，侧重学生对刻意练习方法内容的学习与制订计划中的实际运用

2. 学业评价内容

（1）课堂作业

附件一：学习过程记录表

（2）课堂学习效果自评与互评

附件二：学习任务完成评价表

（3）课后作业

对作品制作或专业技能的要点制订练习计划

附件一

学习过程记录表

<table>
<tr><td>组别</td><td></td><td>姓名</td><td></td></tr>
<tr><td>学习任务</td><td>专业作品的制作或专业技能展示</td><td>学习环节</td><td>刻意练习</td></tr>
<tr><td>学习活动</td><td colspan="3">思考与启示</td></tr>
<tr><td>一、超强记忆力</td><td colspan="3"></td></tr>
<tr><td>二、拼一拼</td><td colspan="3"></td></tr>
<tr><td>三、案例分析</td><td colspan="3"></td></tr>
<tr><td>四、画一画</td><td colspan="3"></td></tr>
<tr><td>五、记词语大赛</td><td colspan="3"></td></tr>
<tr><td>学习内容</td><td colspan="3">学习记录</td></tr>
<tr><td>什么是刻意练习？</td><td colspan="3">1. 刻意练习是指__________________指导下，在__________，进行________、________、________的练习的________
2. 重复练习与刻意练习的区别：</td></tr>
<tr><td>为什么要进行刻意练习？</td><td colspan="3">天才故事给我们带来什么启示？</td></tr>
<tr><td>如何刻意练习？</td><td colspan="3">1. 本次课学习了哪几种刻意练习方法？
2. 这几种方法分别有什么特点？</td></tr>
</table>

附件二

学习任务完成评价表

组名：____________　　　　姓名：____________

1. 本节课你达成学习目标的情况（打分题，请填 1~5 数字打分）

➢能用自己的语言说出刻意练习的含义　请打分______

➢能独立列举刻意练习的几种方法，并说出各种方法的特征　请打分______

➢能在每个学习活动后，自主完成学习过程记录表相应内容　请打分______

➢能够运用一到多种刻意练习方法对自己所选作品制作或技能要点制订练习计划，并在课后实施　请打分______

➢能通过自我思考、小组合作，提升理解、表达、合作能力　请打分______

2. 你对知识点的理解掌握情况（打分题，请填 1~5 数字打分）

➢刻意练习的概念　请打分______

➢刻意练习与 1 万小时定律的异同　请打分______

➢刻意练习的方法　请打分______

➢刻意练习各方法的特征　请打分______

3. 能否在教师引导下思考完成学习任务

组长评：	自评：

A. 独立思考完成学习任务
B. 与他人讨论完成学习任务
C. 在教师指导下完成学习任务
D. 没有完全完成学习任务

4. 在小组讨论环节中是否发言

组长评：	自评：

A. 有，我主动发言
B. 有，我被要求发言
C. 没有，我没机会发言
D. 没有，我不敢发言

5. 完成小组分工任务的情况

组长评：	自评：

A. 能独立完成组内分工任务
B. 得到组员协助完成分工任务
C. 组员帮我完成分工任务
D. 不知如何完成分工任务

6. 本节课你最感兴趣的内容（或环节）是什么？

续表

7. 你还有哪些内容不明白？

教学设计2

浙江交通技师学院 杨小平

<table>
<tr><td>教学单元</td><td colspan="3">第三单元/第二课</td></tr>
<tr><td>教学主题</td><td>观察与模仿</td><td>课时</td><td>2（第1、2课时）</td></tr>
<tr><td colspan="4">一、教学目标</td></tr>
<tr><td colspan="4">通用职业知识：
1. 能正确理解观察与模仿的概念；了解感性自我与理性自我、镜像神经元的作用
2. 能掌握观察与模仿的学习方法，并学习运用
情感态度价值观：
1. 能深入认识观察与模仿在未来职业生涯中的重要性
2. 能体会正确与错误的观察与模仿带来的影响，感受观察与模仿的重要性
通用职业能力：
1. 能写出课堂活动“三人套圈”过程的整个流程和关键步骤
2. 能运用观察与模仿的方法，完成课后专业作品制作
3. 通过自我思考和小组合作，提升理解、表达、合作能力
职业基本意识：
1. 形成以身作则的责任意识
2. 形成自主学习意识，通过不断观察与模仿他人优秀的工作方法和方式，加以创新和改进，提高自身的工作水平</td></tr>
<tr><td colspan="4">二、教学内容</td></tr>
<tr><td colspan="4">1. 观察与模仿学习方法的概念
2. 感性自我与理性自我的原理、镜像神经元的作用
3. 观察与模仿学习效果的提升方法
4. 能找出活动过程的整个流程和关键步骤</td></tr>
<tr><td colspan="4">三、重难点分析</td></tr>
<tr><td colspan="4">重点：
1. 能学习运用观察与模仿的学习方法
2. 能深入认识观察与模仿的重要性
重点突破策略：
1. 通过观察和模仿视频及现场学生展示，分解相应动作等环节学习并运用观察与模仿学习法；课后再次运用学习方法制作手工作业
2. 通过观看《小孩有样学样》视频，学生思考正确与错误的观察与模仿带来的影响；通过观看《学校全国巴哈冠军队》及小组讨论，体会观察与模仿学习方法在学习中的重要性
难点：通过观察与模仿，找出课堂活动“三人套圈”过程的流程和关键步骤
难点化解策略：通过课堂活动“三人套圈”，多环节观察和模仿视频及学生展示，并进行动作分解，让学生感知行为分解，了解行为背后的逻辑</td></tr>
</table>

续表

四、学习资源				
演示文稿，卡纸，蓝墨云班课，视频，蓝色和白色的旗子等				
五、教学实施过程				
教学环节（时间）	学习内容	师生活动	教学手段	教学方法
课前准备：任务布置	1. 学生观看《三人套圈》视频，与小组成员尝试观察和模仿视频动作 2. 学生思考“三人套圈”的游戏步骤，小组讨论，提交课前任务至蓝墨云班课： （1）思考整个游戏的流程有哪些？关键步骤是什么？ （2）观察与模仿对未来职业有什么影响？	学生通过蓝墨云班课观看视频，与小组成员尝试观察和模仿视频动作，提前感知观察与模仿。学生小组合作，共同讨论和思考“三人套圈”的流程和关键步骤，以及思考观察与模仿对未来职业的影响。最后提交课前任务至蓝墨云班课。教师根据学生学习情况调整教学策略	蓝墨云班课	翻转课堂法、小组合作法、任务驱动
环节一：课堂导入（10 分钟）	通过游戏“Follow me”导入课堂，引出观察与模仿内容，并学习观察与模仿的概念	教师讲解游戏规则，调动课堂氛围；学生以小组竞赛方式，通过教师演示文稿文字展示，在规定时间内做出相应正确的动作，动作正确人数多的小组获胜 演示文稿内容：蓝旗升起来，白旗升起来，升起来的同时，白旗蓝旗降下来……白旗升起来，白旗升起来的同时，同学们跳起来 教师播放视频要求学生跟着视频观察和模仿进行动作。结束后教师提问：哪种方式能够快速地学习到内容？是观看文字还是直接观看模仿视频？引出观察与模仿概念	《极限挑战》中的“Follow me”游戏视频	游戏教学法

续表

教学环节（时间）	学习内容	师生活动	教学手段	教学方法
环节二：探究新知（20分钟）	1. 辨一辨： 以下行为哪些是受感性自我控制？哪些是受理性自我控制？	教师要求学生将演示文稿上显示的词语分类，辨一辨以下行为分别哪些是受感性自我控制？哪些是受理性自我控制？学生组内进行讨论和思考，将结果贴于白板上	白板、卡纸	问题导向法、游戏教学法、小组竞赛
	2. 连连看： 哪组最快将以下文字连成正确的定义？	教师要求学生将演示文稿上显示的词语连连看。学生组内讨论，思考理性自我和感性自我的含义，并将结果贴于白板；教师向学生讲解理性自我和感性自我的区别和含义。并根据学生答题情况进行小组加分		
	3. 镜像神经元的理解：《大脑镜像神经元》视频	教师播放《大脑镜像神经元》视频，引导学生思考大脑镜像神经元对人类学习的帮助		
环节三：任务实施（40分钟）	1. 全班伴随《三人套圈》视频，观察与模仿视频中的动作，视频音乐停止，教师查看正确率（动作错误小组学生的手会缠绕在一起），检查课前练习情况	教师检查学生课前作业情况，邀请全班同学一起观察与模仿《三人套圈》的视频动作，教师给予游戏做正确的小组加分。教师提问：为何小组间会出现不同的结果？引出要反复地观看和模仿，并且要注意行为分解		
	2. 正确小组现场演示，其他学生观察模仿，体验现场学习带来的效果	教师现场邀请游戏做对的一组上台进行展示，要求其他小组观察和模仿，并且尝试模仿动作，体验现场观察与模仿的效果比视频学习的效果更佳		

续表

教学环节（时间）	学习内容	师生活动	教学手段	教学方法
环节三：任务实施（40分钟）	3. 小组讨论总结课前流程图作业，并粘贴白板；教师分解游戏动作，梳理并核对步骤，归纳关键步骤及行为背后的逻辑，强调关键步骤的重要性	学生小组讨论课前的流程作业，并粘贴白板。教师邀请游戏做对的一组学生上台进行分解展示，通过观察，与学生讨论游戏的步骤，最后核对白板上流程作业的正确情况，给予正确率高的小组加分。教师梳理并总结归纳关键步骤及行为背后的逻辑，强调关键步骤的重要性	视频、优秀小组示范	问题导向法、游戏教学法、小组竞赛法、视频教学法
	4. 通过以上关键步骤的梳理，学生互帮互助学会游戏，并思考和讨论专注力与不评判对观察与模仿学习效果的影响	学生间互帮互助，教会做错的学生如何根据步骤正确做动作。教师提出问题，让学生思考除了找出关键步骤，学习效率与专注力的关系。强调专注力与不评判在观察与模仿学习中的作用		
环节四：学习法反思（20分钟）	想一想： 1.《小孩有样学样》视频中的行为是否正确？ 2. 观看视频后有什么想法？	教师播放视频，提出问题，引发学生思考和讨论：正确的观察与模仿有助于我们成功，错误的观察与模仿会阻碍事物的发展，产生不良的后果	视频、图片	问题导向法、小组讨论法、视频教学法
	观看《学校全国巴哈大赛冠军队》视频，理解身边成功例子，体会观察与模仿学习方法带来的好处	教师播放《学校全国巴哈大赛冠军队》视频（学校学生在日常比赛工作中，通过不断地观察与模仿老师和他人的操作，梳理关键步骤，思考并创新，最终获取全国总冠军）。学生观看视频，体会观察与模仿学习方法的重要性		

续表

教学环节（时间）	学习内容	师生活动	教学手段	教学方法
课后拓展：学以致用	1. 学会“三人套圈”游戏 2. 观看《垃圾分类箱》视频，应用观察与模仿学习方法，写出流程，并学会制作（可布置其他专业作品的操作作业，如磨具的打磨、一段舞蹈、器械的拆装等） 3. 对周围的同学进行一周时间观察，对不良行为进行指出和纠正	1. 学生通过观察和模仿，将本节课所学的方法应用到实践当中，完成布置的任务；通过观察，找出周围同学不良行为进行指正，互相帮助；学生完成自评、互评、他评 2. 教师布置作业；组织学生在蓝墨云班课进行自评、互评、他评，教师进行综合评价；关注学生作业进度，进行监督和督促	蓝墨云班课、评价表、手工视频	任务驱动法、视频教学法

六、学业评价

评价主体：
学生自评、小组互评、教师评价相结合
评价方法：
评价分数计算采用加权法，教师评价权重 30%，小组评价权重 30%，学生自评权重 40%
评价方式：
自评、组评和师评由蓝墨云班课自动生成统计结果

个人评价表

学习内容		日期		
学生姓名		组别		
评价内容		10 分	8 分	5 分
1. 是否仪容仪表规范，按时出勤				
2. 是否认真听讲，积极举手发言				
3. 是否积极参加小组讨论，热心帮助同学，共同完成任务，有大局意识				
4. 是否学会了游戏“三人套圈”				
5. 是否觉得观察与模仿学习方法有助于学习				

续表

续表

评价内容	10分	8分	5分
6. 是否理解感性自我和理性自我的区别			
7. 是否掌握了观察与模仿的应用技巧			
8. 是否能写出活动的整个流程和关键步骤			
9. 是否深入认识观察与模仿在未来职业生涯中的重要性			
10. 能胜任未来职业的信心有多足			
合计	分		

小组评价表

学习内容		日期		
学生姓名		所在组别		
评价内容		10分	8分	5分
1. 所在小组成员是否积极参与活动				
2. 所在小组成员是否相互配合完成任务				
3. 所在小组成员之间是否认真倾听，互助互学				
4. 所在小组成员是否能熟练地写出活动的整个流程和关键步骤				
5. 所在小组成员是否掌握了观察与模仿的应用技巧				
6. 所在小组成员是否深入认识观察与模仿在未来职业生涯中的重要性				
7. 所在小组组长是否合理分工				
8. 对所在小组成员的总体表现评价				
合计		分		

教师评价表

学习内容		组别	日期		
评价项目	评价内容		10分	8分	5分
纪律仪表	1. 严格遵守考勤制度，无迟到、早退、旷课现象				
	2. 整理好仪容仪表				

续表

续表

评价项目	评价内容	10 分	8 分	5 分
课前学习反馈	1. 能认真学习“三人套圈”，反复练习			
	2. 认真思考问题，及时将任务结果上传至云班课			
任务实施	1. 能与组员一起协商，讨论问题			
	2. 认真听讲，积极参与，举手发言			
	3. 能熟练地做出“三人套圈”游戏			
	4. 能正确写出活动的整个流程和关键步骤			
	5. 能正确认识观察与模仿在未来职业生涯中的重要性			
团队展示	动作规范、流畅，参与度高，流程和关键步骤查找准确			
合计		分		

学习过程记录表

学习内容		日期	
学生姓名		组别	
学习活动内容	学习记录		
1. 什么是观察与模仿？	观察与模仿学习是在________________的自然情境中发生的，能将________________模仿下来		
2. 理性自我和感性自我	以下行为哪些是受感性自我控制？哪些是受理性自我控制？ （吃饭、攀比、走路、刷牙、做笔记、改试卷、洗脸、弹琴、喝水、煎药、开门、描红、化妆、做演示文稿、拍电影） 理性自我和感性自我的含义（请将以下文字连成正确的定义）： 理性自我是　它的语言是文字　感性自我是　它是个体行为的执行者　像一个监督者　提各种意见　身体和潜意识层面的自我　它的语言是图像　头脑层面的自我　是行为的发起者和主导者　总是进行各种评判		
3. 如何应用观察与模仿？	1. 本课学习了哪些方法可以提升观察与模仿学习效果？ 2. 观看《三人套圈》视频，请写出整个流程，分解每个动作 3. 请写出“三人套圈”游戏中的关键步骤		

续表

续表

学习活动内容	学习记录
4. 职业反思	1. 作为未来的职场人，通过本课的学习，你对未来的职场生涯有什么启发？ 2. 观看《小孩有样学样》视频后有什么想法？
5. 评价反馈	请用手机登入蓝墨云班课进行评价

教学设计3

湖南建筑高级技工学校　曾译玮

<table>
<tr><td>教学单元</td><td colspan="3">第三单元/第二课</td></tr>
<tr><td>教学主题</td><td>实践体验与动手创造</td><td>课时</td><td>2（第3、4课时）</td></tr>
<tr><td colspan="4">一、教学目标</td></tr>
<tr><td colspan="4">情感态度价值观目标：从活动中获得动手创造的实践体验和成就感
职业基本意识目标：在活动中提高自主学习意识，建立团队协作意识和竞争意识
通用职业知识目标：
1. 理解实践体验的概念
2. 掌握应用实践体验的技巧
3. 熟悉动手创造学习方法的概念
4. 了解动手创造的意义
5. 掌握动手创造的两种具体学习方法
通用职业能力目标：通过实践体验和动手创造，提升独立思考能力、自主学习能力、创新能力、分析和解决问题能力</td></tr>
<tr><td colspan="4">二、教学内容</td></tr>
<tr><td colspan="4">1. 实践体验的概念
2. 实践体验的技巧
3. 动手创造的概念
4. 动手创造的意义
5. 动手创造的两种方法与特征：学习时要有产品或成果输出意识；创造条件进行动手创造</td></tr>
<tr><td colspan="4">三、重难点分析</td></tr>
<tr><td colspan="4">重点：实践体验与动手创造的意义与运用
重点突破策略：“垃圾分类”学习活动；“创造性的快乐”案例分析；“寝室文化艺术节之最美寝室”案例分析
难点：动手创造学习活动的开展
难点化解策略：“创意时装比赛”学习活动</td></tr>
<tr><td colspan="4">四、学习资源</td></tr>
<tr><td colspan="4">学习任务计划表、彩色卡纸、报纸若干、胶带、订书机、白板、白板笔、A4白纸、案例等</td></tr>
</table>

续表

五、教学实施过程				
教学环节（时间）	学习内容	师生活动	教学手段	教学方法
课前准备：提前一周布置课前小任务	翻转课堂： 阅读海伦·凯勒的故事	教师提前一周在云班课上布置作业任务，要求学生提前阅读海伦·凯勒的故事 学生完成阅读并回答问题，将答案提交到云班课	教材、云班课App	翻转课堂法
环节一：组织教学，回顾任务，明确学习要求（5分钟）	1. 师生问好，组织教学	教师使用云班课“一键签到”总结学生课前学习完成情况，奖励经验值进行鼓励	云班课App	鼓励法
	2. 回顾学习任务 3. 明确本次课学习目标	教师交代本次课的任务与学习目标 学生接受任务与了解本节课学习目标	演示文稿	讲授法
环节二：实践体验的概念（10分钟）	1. 学习活动一：案例分析“海伦的故事” 2. 学习内容一：实践体验的概念 关键词组：亲身体验、亲身操作实物、运动感知、获得初体验	教师引导学生阅读案例，观看视频，完成引导问题 小组讨论后回答两个问题： 1. 海伦是通过什么方式学会“水”这个单词的？ 2. 对我们学习有何启示？并将关键词写在卡纸上，粘贴在白板上 教师归纳，总结出实践体验的概念	演示文稿、彩色卡纸、白板	案例教学法、设问启示法、关键词法、游戏法、归纳法

续表

五、教学实施过程				
教学环节（时间）	学习内容	师生活动	教学手段	教学方法
环节三：应用实践体验的技巧（15分钟）	1. 学习活动二：模拟实践练习：垃圾分类小游戏 游戏规则：教师准备好12种不同垃圾的图片和红蓝黄绿4张垃圾桶图片，在云班课发起举手活动，邀请4位同学扮演垃圾桶，列成4队。12位同学抽取垃圾图片，自己找到正确的垃圾桶，并说明选择划入此类垃圾的理由。垃圾分类正确的同学可在班课中奖励两分经验值	教师宣布游戏规则，引导学生进行模拟垃圾分类，并按完成情况加分	图片	游戏法
	2. 学习内容二：应用实践体验的意义与作用 第一，学习过程中不满足于知道，要到真实场景中去实践它，避免知而不行 第二，如果没有真实的场景可以采用一些模拟实践练习 第三，通过创造新的体验改变原有的行为	教师提出问题，引导学生通过刚才的垃圾分类游戏思考实践体验的技巧是什么？ 小组讨论后用自己的话总结实践体验技巧，白板展示	演示文稿、白板	设问启示法、小组讨论法、归纳法、关键词法

续表

教学环节（时间）	学习内容	师生活动	教学手段	教学方法
环节四：动手创造的概念（15分钟）	1. 学习内容三：动手创造学习方法的概念。介绍学者陈海贤关于生活乐趣的阐述 2. 学习活动三：找关键词 3. 学习活动四：搭积木 “无想象，不乐高”，感受动手创造的魅力 游戏规则：学生以小组为单位，在两分钟内完成搭积木挑战，作品最高最稳的获胜，全组成员奖励班课经验值两分 4. 学习活动五：案例分享“杜培源：为了美食，可以全年无休”	教师宣布活动规则，发放装有“动手创造”概念的信封 学生以小组为单位，将碎片化的关键词重新排列组合，白板展示，完成关键词整理，拼出“主动创造”概念 教师宣布游戏规则，引导学生完成“搭积木”活动 学生以小组为单位完成活动挑战，优胜组派代表谈一谈乐高积木能畅销几十年的秘诀是什么 教师引导学生观看案例，完成引导问题 学生回答两个问题： 1. 陈海贤将生活乐趣分为哪两种？ 2. 对我们有何启示？	图片、演示文稿、视频	小组讨论法、讲授法、游戏法、案例教学法、设问启示法、小组讨论法
环节五：动手创造的两种学习方法（8分钟）	1. 学习活动六：案例分析“寝室文化艺术节之最美寝室” 2. 学习内容四：动手创造的学习方法 第一，学习时要有产品或成果输出意识 第二，创造条件进行动手创造	教师展示学校网站上寝室文化艺术节优秀作品图片，引导学生归纳如何应用动手创造的学习方法 学生小组讨论后卡纸展示	图片、演示文稿、彩色卡纸	小组学习法、讲授法
环节六：动手创造学习方法的运用（28分钟）	学习活动七：创意时装秀	教师宣布活动细则，引导学生按要求完成作品 每个小组完成一件手工作品，并对作品进行制作思路分享	彩色卡纸、报纸、胶带	

续表

教学环节（时间）	学习内容	师生活动	教学手段	教学方法
环节七：总结评价（9分钟）	课堂小结	教师安排每组派一个学生代表轮流复述本次课知识点 教师小结本节课学习内容，布置课后作业		

六、学业评价

学习过程评价表

组名________

	关键词归纳（1~6分）	问题回答情况（1~6分）	游戏完成情况（1~6分）	是否全组参与（1~6分）	总　分
环节二					
环节三					
环节四					
环节五					
	用时最少（10~15分）	作品创新性（10~20分）	设计理念（10~25分）	美观性（10~20分）	是否有分工合作（10~20分）
环节六					

第四单元　提升自主学习的效率

第一课　碎片知识管理体系的构建

教学设计

广州市工贸技师学院　罗家慧

<table>
<tr><td>教学单元</td><td colspan="3">第四单元/第一课</td></tr>
<tr><td>教学主题</td><td>信息的搜索</td><td>课时</td><td>2（第 1、2 课时）</td></tr>
<tr><td colspan="4">一、教学目标</td></tr>
<tr><td colspan="4">情感态度价值观目标：深入认识自主学习的重要意义，树立终生学习的情感价值观
职业基本意识目标：通过学习有效的信息搜索方法，提高学习效率，形成良好的效益意识
通用职业知识目标：了解不同场景下的信息搜索方法，熟悉常用的搜索引擎的使用技巧
通用职业能力目标：能够灵活运用各类信息检索技巧，能够利用网络搜索进行小型的主题研究，提升信息搜索能力</td></tr>
<tr><td colspan="4">二、教学内容</td></tr>
<tr><td colspan="4">1. 生活场景下的信息搜索
2. 学习场景下的信息搜索
3. 工作场景下的信息搜索
4. 常用搜索语法介绍
5. 对搜索力的辩证思考</td></tr>
<tr><td colspan="4">三、重难点分析</td></tr>
<tr><td colspan="4">重点：能够灵活运用各类信息检索技巧
重点突破策略：以学习小组为单位，抽取其中一种场景，运用某种信息检索技巧对该场景中的信息进行搜索练习
难点：能够利用网络搜索进行小型的主题研究
难点化解策略：选择一种搜索工具，针对要研究的主题“技校学生如何做好学业规划”及要解决的主要问题进行信息搜索练习</td></tr>
</table>

续表

四、学习资源

1. 场地与设备

机房、物品存放架、多媒体教学设备、供信息搜索使用的计算机（台式或平板皆可）多台、张贴板（白板）等

2. 工具与材料

彩笔、白板笔、彩色 A4 纸、磁钉、板刷

3. 教学资料

教材、课件（内含招聘信息）、任务书、学习任务完成情况评价表

4. 学生自备学习资料

有关信息搜索工具的介绍资料

五、教学实施过程

教学环节（时间）	学习内容	师生活动	教学手段	教学方法
课前学习	思考问题： 1. 你知道有哪些信息检索的工具呢？ 2. 这些检索工具分别主要用于搜索什么类型的信息？	1. 教师课前布置思考问题给学生 2. 学生根据教师的提问进行思考，并以小组为单位把搜集到的问题答案汇总成汇报文稿	翻转课堂	引导问题法
导入（10 分钟）	1. 创设情境： 小长假快到了，你想和父母一起去三天两夜的短途旅行，请问： （1）你可以通过什么搜索工具查找相关的旅游信息呢？ （2）请简要介绍一下这个旅游信息搜索工具 2. 引导问题： （1）人们在什么时候需要搜索信息呢？ （2）你对信息检索知道多少？	1. 理解情境中提出的问题，回答问题 分享介绍某个旅游信息搜索工具 2. 学生根据教师提出的引导问题，结合课前搜集的成果，在班级里分享	多媒体设备投影	分享展示法

续表

教学环节（时间）	学习内容	师生活动	教学手段	教学方法
环节一：布置任务（10分钟）	学习任务： 1. 选择一个你想深入学习和研究的小主题，如： （1）机器人对我们的生活有哪些好处？ （2）新能源汽车品牌介绍 （3）5G将会怎样改变生活？ （4）解读“服务贸易” （5）优秀国产动漫大搜罗 2. 选择一种信息搜索工具，并运用该搜索工具搜集整理与研究主题相关的信息 3. 形成介绍该研究主题的汇报文稿	1. 教师下达任务书，学生明确任务要求 2. 学生以小组为单位，根据教师提出的主题进行讨论分析 3. 每个小组在充分讨论之后选定本组要研究的小主题	分组讨论	任务驱动法

续表

教学环节（时间）	学习内容	师生活动	教学手段	教学方法
环节二：认识搜索工具（30分钟）	1. 信息搜索能力的重要性 为什么要提升信息搜索能力？ 创设情境： 不知不觉你已经是一名准毕业生，最近都在忙着找工作。你主要通过浏览招聘网站获取招聘信息 以下是你收集到的10条招聘信息，请思考并确定你希望去应聘的2个企业，并阐述理由 2. 在日常生活中你使用哪些工具进行信息搜索？这些搜索工具分别用于搜索什么类型的信息？ 3. 不同场景下使用不同的搜索工具： （1）生活场景下的信息搜索 如择校、购物、交通、旅游、辨伪、就医 （2）学习场景下的信息搜索 ①搜索各类教学视频课程 ②搜索各类电子书 ③查找学术文献 （3）工作场景下的信息搜索 ①搜索标准、专利 ②搜索图片、声音、字体和相似网站	1. 教师展示情境，引导学生思考，学生以小组为单位，围绕情境问题展开讨论，整理出讨论结果，之后派代表在班级中分享说明 教师总结：信息搜索能力是每个终身学习者都应掌握的基本学习能力 在最短的时间内发掘出最有价值的信息，从而解决生活、学习、工作中的各方面问题 2. 各学习小组根据教师提出的问题展开讨论，并把讨论结果整理书写在纸条上，之后张贴在白板上 3. 每个学习小组抽取其中一种场景，并对该场景中的一种信息搜索进行举例说明	张贴板展示、口述说明	情境教学法、引导问题法

续表

教学环节（时间）	学习内容	师生活动	教学手段	教学方法
环节三：运用搜索工具进行主题研究（25分钟）	以“技校学生如何做好学业规划”为例，搜集该主题研究相关资料： 1. 你研究的主题要解决哪些问题或解答哪些疑问？请仔细思考，将主题进行分解，并将这些问题或疑问写出来 2. 请使用生活场景下与学习场景下的信息搜索方法，针对你的主题研究开展信息搜索，搜集相关资料	1. 在小组内部思考、讨论研究的主题要解决哪些问题或解答哪些疑问。将问题写在纸条上并张贴在白板上 2. 选择一种搜索工具，针对要研究的主题“技校学生如何做好学业规划”及要解决的主要问题进行信息搜索 预设要解决的问题： （1）你对自己认识多少（优劣势、性格、兴趣）？ （2）你的发展目标是什么（学业目标、职业目标）？ （3）你所处的环境对你有什么帮助或阻碍？ （4）你打算如何实现自己的目标？ 3. 对搜集的信息进行整理，形成汇报文稿 4. 各小组派代表介绍本小组的主题研究成果	张贴板展示、计算机搜索、小组研究	任务驱动法、小组学习法

续表

教学环节（时间）	学习内容	师生活动	教学手段	教学方法
环节四：总结（5分钟）	总结：本次课学习了如下内容： 1. 首先我们收到了一个学习任务：选择一个你想深入学习和研究的小主题，选择一种信息搜索的工具，并运用该搜索工具搜集整理与研究主题相关的信息 2. 明确任务要求后，我们体验了信息搜索能力的重要性（比如找工作的时候，我们需要搜索招聘信息并加以分析选择） 3. 接着，我们学习了不同场景下使用不同的搜索工具： （1）生活场景下的信息搜索 （2）学习场景下的信息搜索 （3）工作场景下的信息搜索 （4）常用搜索语法介绍 4. 最后，我们运用搜索工具进行“技校学生如何做好学业规划”的主题研究	1. 教师概括总结本次课所学内容，引导学生共同回顾所学知识，巩固知识 2. 学生认真倾听教师的归纳讲解，并做好笔记	多媒体呈现、黑板板书	归纳学习法

续表

<table>
<tr><th>教学环节（时间）</th><th>学习内容</th><th>师生活动</th><th>教学手段</th><th>教学方法</th></tr>
<tr><td>课后</td><td>根据课堂上学到的信息搜索的方法和使用技巧，完成选定主题的研究，形成介绍该研究主题的汇报文稿</td><td>以小组为单位，根据任务要求进行分工，并各司其职，运用信息搜索的方法和技巧，完成主题研究</td><td>运用网络搜索工具</td><td>小组学习法</td></tr>
<tr><td colspan="5">六、学业评价</td></tr>
<tr><td colspan="5">1. 学业评价方式
本次课程主要采用学生自评、小组互评为主，教师补充提炼相结合的评价方式。评价内容以教学目标为依据，侧重对学生数据搜索方法的实际运用情况进行评价
2. 学业评价内容
（1）选定好本组要研究的小主题
（2）每个学习小组抽取其中一种场景，并对该场景中的一种信息搜索进行举例说明
（3）选择一种搜索工具，针对要研究的主题“技校学生如何做好学业规划”及要解决的主要问题进行信息搜索</td></tr>
</table>

<table>
<tr><td>教学单元</td><td colspan="3">第四单元/第一课</td></tr>
<tr><td>教学主题</td><td>搭建碎片知识管理体系</td><td>课时</td><td>2（第 3、4 课时）</td></tr>
<tr><td colspan="4">一、教学目标</td></tr>
<tr><td colspan="4">职业基本意识目标：通过学习搭建碎片知识管理体系，提高学习效率，形成良好的效益意识
通用职业知识目标：学会升级知识管理工具，在电子笔记软件中搭建笔记本体系
通用职业能力目标：能够利用碎片化时间学习，将碎片知识整合进电子笔记中；能够用笔记软件搭建自己的电子笔记体系</td></tr>
<tr><td colspan="4">二、教学内容</td></tr>
<tr><td colspan="4">1. 笔记本体系的主要构成
2. 知识内化笔记
3. 笔记本编码
4. 搭建笔记本体系</td></tr>
<tr><td colspan="4">三、重难点分析</td></tr>
<tr><td colspan="4">重点：将碎片知识整合进电子笔记中
重点突破策略：先学习某一电子笔记软件（如印象笔记）的使用方法，然后从网页上寻找一篇感兴趣的文章，对该文章做内化笔记，并运用印象笔记中的功能对笔记进行整理
难点：用笔记软件搭建自己的电子笔记体系
难点化解策略：运用电子笔记软件（如印象笔记）建立笔记本体系，初步搭建碎片知识管理体系</td></tr>
</table>

续表

<table>
<tr><td colspan="5">四、学习资源</td></tr>
<tr><td colspan="5">1. 场地与设备
机房、物品存放架、多媒体教学设备、供信息搜索使用的计算机（台式或平板皆可）多台、张贴板（白板）等
2. 工具与材料
彩笔、白板笔、彩色 A4 纸、磁钉、板刷
3. 教学资料：
教材、课件、任务书、学习任务完成情况评价表
4. 学生自备学习资料
一篇自己感兴趣的网络文章</td></tr>
<tr><td colspan="5">五、教学实施过程</td></tr>
<tr><td>教学环节（时间）</td><td>学习内容</td><td>师生活动</td><td>教学手段</td><td>教学方法</td></tr>
<tr><td>课前学习</td><td>思考问题：
我们处在一个信息爆炸的时代，每天有海量的信息涌来。我们的时间被切割成无数的碎片，我们经常处在各种碎片化的学习场景中，如地铁上、等车中、行走中、课间中等。我们获取到各种碎片化的知识，有的来自与他人交流，有的来自某个公众号的推送内容，有的来自某个网页。知识的形式和载体也多种多样：有的是图片、文字、网页文本，有的是声音或视频。那么，该如何对这些碎片化的知识进行管理呢？</td><td>学生以小组为单位，搜集目前市场上电子笔记软件，并选择其中一种电子笔记软件，整理好有关该软件的相关信息，准备在课堂上介绍</td><td>翻转课堂</td><td>小组学习法</td></tr>
<tr><td>导　入
（10 分钟）</td><td>思考问题：
1. 如何有效地整理、归类每天接触到的大量信息，使之内化成自己的知识涵养？
2. 如何随时随地记录下你感兴趣的事物？</td><td>1. 学生思考并讨论教师提出的引导问题
2. 结合课前搜集到的电子笔记软件相关资料，在班级内分享介绍</td><td>多媒体设备投影</td><td>引导问题法</td></tr>
</table>

续表

教学环节（时间）	学习内容	师生活动	教学手段	教学方法
环节一：布置任务（5分钟）	学习任务： 1. 在手机或计算机上下载印象笔记，用杜威分类法进行编码，建立一个系统的笔记本体系。同时从网页上寻找一篇你感兴趣的文章，收藏进印象笔记的“信息中转站”，对该篇文章做一个内化笔记，然后移动到“主体知识库”相应的笔记本组内 2. 建立笔记本体系，初步搭建碎片知识管理体系	1. 教师下达任务书，学生明确任务要求 2. 学生以小组为单位，对任务中的关键点进行讨论分析，对不明白的内容向教师提问	分组讨论	任务驱动法
环节二：升级知识管理工具（25分钟）	1. 引导问题：你觉得纸质笔记有哪些缺点？ 提示语：想要对碎片化知识进行妥善管理，可以升级知识管理工具，养成用电子笔记进行记录的习惯 2. 印象笔记软件简介 （1）主要特点 · 创建文本、照片和音频笔记 · 剪辑网页，包括文本、链接和图片 · 跨设备同步笔记（首先是网络，其次是本地） · 在快照和图片中搜索文本 · 团队分享 （2）使用方法 · 安装与注册 · 建立笔记本与笔记 · 使用插件	1. 学生思考教师提出的问题，并发表自己的意见 教师小结，引出新的学习内容：知识管理工具（印象笔记） 2. 教师介绍印象笔记的功能、特点和使用方法 学生边学习，边用计算机同步练习、体验	机房教师机器展示	讲授法、练习法

续表

教学环节（时间）	学习内容	师生活动	教学手段	教学方法
环节三：在电子笔记软件中搭建笔记本体系（35 分钟）	1. 笔记本体系的主要构成：信息中转站、主体知识库、存档笔记本 2. 做知识内化笔记：假设要把一篇你感兴趣的文章介绍给别人、与他人分享，联系现实生活中具体的例子，用自己的语言重新表达出来 3. 对笔记本进行编码 杜威分类法：该分类法采用三位数字代表分类码，共分为 10 大分类，每个大分类下又分为 100 个中分类，每个中分类下有 1 000 个小分类。这种分类法应用于众多国家的图书馆分类 10 个大分类如下： 000-总类 100-哲学与心理学 200-宗教 300-社会科学 400-语言 500-自然科学 600-应用科学 700-艺术 800-文学 900-历史与地理	1. 学生打开印象笔记软件，建立一个系统的笔记本体系 2. 教师引导学生从网页上寻找一篇感兴趣的文章，收藏进印象笔记的“信息中转站”，对该篇文章做一个内化笔记 3. 学生把内化笔记移动到“主体知识库”相应的笔记本组内，并用杜威分类法进行编码 4. 将前期主题研究中搜集、整理及学习的成果移植到自己的笔记本体系中，并在组内展示，之后小组选派代表在全班分享	1. 使用计算机或手机中的电子笔记软件 2. 张贴板展示 3. 小组分享展示	实践法、小组学习法、展示法

续表

教学环节（时间）	学习内容	师生活动	教学手段	教学方法
环节四：总结（5分钟）	1. 总结：本次课学习了如下内容： （1）首先我们收到了一个学习任务：运用印象笔记，用杜威分类法进行编码，建立一个系统的笔记本体系，初步搭建碎片知识管理体系 （2）学习了解了印象笔记的特点、主要功能及其使用的方法 （3）最后，我们以一篇自己感兴趣的文章为例，体验在印象笔记软件中搭建碎片知识管理体系	1. 教师概括总结本次课所学内容，引导学生共同回顾所学知识，巩固知识 2. 学生认真倾听教师的归纳讲解，并做好笔记	多媒体呈现、黑板板书	归纳学习法
课后	熟悉电子笔记软件的使用	根据课堂上学到的电子笔记软件的使用方法，坚持搜集碎片知识，搭建碎片知识管理体系	电子笔记软件	练习法
六、学业评价				
1. 学业评价方式 本次课程主要采用学生自评、小组互评为主，教师补充提炼相结合的评价方式。评价内容以教学目标为依据，侧重对学生搭建碎片知识管理体系的实际运用情况进行评价 2. 学业评价内容 （1）会安装印象笔记软件并进行用户注册和登录 （2）会使用印象笔记软件建立笔记本和建立笔记、合并笔记 （3）会使用印象笔记中的插件 （4）会初步运用印象笔记中的笔记功能、标签功能、搜索功能和共享功能				

第二课　提升学习的专注力

教学设计

广州市工贸技师学院　阚元华

<table>
<tr><td>教学单元</td><td colspan="3">第四单元/第二课</td></tr>
<tr><td>教学主题</td><td>提升专注力</td><td>课时</td><td>2（第1、2课时）</td></tr>
<tr><td colspan="4">一、教学目标</td></tr>
<tr><td colspan="4">情感态度价值观目标：能深入认识到注意力是一个人的宝贵财富
职业基本意识目标：能理解专注力对学习效率的影响；树立高效率工作产出的意识
通用职业能力目标：能在学习和生活中训练自己的专注力</td></tr>
<tr><td colspan="4">二、教学内容</td></tr>
<tr><td colspan="4">1. 专注力对学习效率的影响
2. 提升专注力的方法</td></tr>
<tr><td colspan="4">三、重难点分析</td></tr>
<tr><td colspan="4">重点：专注力对学习效率的影响
重点突破策略：举正反两个不同故事，专注力高和低产生不同的学习效果。让学生填写当天的注意力分配表，回顾自己的精力分配
难点：精神熵的概念
难点化解策略：这个概念涉及物理知识，但是对理解注意力涣散危害很有帮助，借助水蒸发实验帮助学生学习理解这个概念</td></tr>
<tr><td colspan="4">四、学习资源</td></tr>
<tr><td colspan="4">1. 场地与设备
机房、物品存放架、多媒体教学设备、智能手机等
2. 工具与材料
彩笔、白板笔、彩色A4纸、磁钉、板刷
3. 教学资料
教材、课件、任务书、学习任务完成情况评价表</td></tr>
</table>

续表

五、教学实施过程				
教学环节（时间）	学习内容	师生活动	教学手段	教学方法
课前	认识专注力与学习效率之间的关系	教师：课前在班级微信群里发放学习任务——阅读西奥多·罗斯福在大学期间的学习案例。尝试回答问题 学生：同学们根据自己的理解将答案上传至微信群	培养学生具备一定的自主学习的能力	翻转课堂法
新课导入（5分钟）	专注力与学习效率之间的关系：为什么罗斯福在学习时间很少的情况下，还能高效地完成学业？生活中你是否遇到过与李华类似的情形？你认为应该如何避免？	案例分析：正面例子罗斯福，反面例子李华 学生：针对两个正反案例，分组进行讨论，并发言	同学们根据案例分析专注力的重要性	案例分析法、小组讨论法
环节一（25分钟）	注意力是一个人的宝贵财富 学习任务：分发任务表，填写“时间都去哪了”注意力分配表 学生进行填写，并在小组内进行归类，将大致的内容分类，并写出所占的时间比	教师：“时间都去哪了”活动，学生填写昨日注意力分配表 学生：填写表格，每一小组派一名同学分享昨天自己的注意力主要投入在哪些地方，有哪些需要改进？ 教师：点评，讲授注意力的重要性	通过填写注意力分配表大致了解自己的时间流向	小组讨论法、讲授法

续表

教学环节（时间）	学习内容	师生活动	教学手段	教学方法
环节二（25 分钟）	注意力涣散的危害性、精神熵的概念、高质量工作产出公式 1. 进行冰块加热的实验。思考水分子的活跃状态 2. 该实验和熵值之间的相同地方 3. 熵值和我们专注力之间的关系 4. 高质量工作产出 = 时间 × 专注度，在学习和工作时专注度达到最高峰，单位时间工作和学习产出也将实现最大化。要想达到个人高效率的产出，需要长时间无干扰高度专注于单一任务	教师：做一个冰块通过加热变成水蒸气过程，让学生回答水分子的状态，解释何为熵值 学生：思考固态和气态的水分子熵值差别，与注意力有什么类似的地方 教师点评并解释何为精神熵，何为负熵。讲解高质量工作产出公式	通过实验让学生理解精神熵的概念	实验法、讨论法、讲授法
环节三（20 分钟）	提升专注力的方法和技巧 1. 思考自己曾经废寝忘食完成一件事的经过 2. 思考为什么会如此投入？吸引自己的地方在哪里？还有外在的条件有什么不同？ 3. 这些体验有没有可以复用的经验？	活动：分享自己曾经全神贯注、忘我地沉浸做某件事的体验？ 教师：提问，以往的专注的经历有哪些可以复用的经验？ 学生：思考，讨论，回答问题 教师：讲解提升专注力的方法，利用工具和专注小任务	通过让学生回忆自己曾经的专注体验，提炼可以复用的经验，从而能更好地理解教材中关于提升专注力的方法	讨论法、讲授法
总结和作业（5 分钟）	课堂知识点	学生概括，教师进行系统总结 课后下载番茄工作法相关的 App	重新回顾课堂教学内容，让学生掌握本节课的重要方法	

续表

教学环节（时间）	学习内容	师生活动	教学手段	教学方法
课后	探索 App 使用方法	自己下载番茄工作法相关的 App	培养学生主动学习意识	
六、学业评价				
学习过程中的小组展示、同学们的课堂参与度、知识点掌握的全面性				

教学单元	第四单元/第二课		
教学主题	利用番茄钟开展主题研究	课时	2（第 3、4 课时）

一、教学目标

情感态度价值观目标：深入认识高峰体验对学习的重要意义，培养自己的学习专注力

通用职业知识目标：能理解番茄工作法的内容

通用职业能力目标：能善用番茄工作法类的 App 帮助自己把控时间，进入心流状态，进行小型的专题研究

二、教学内容

1. 番茄工作法内容
2. 番茄类 App 应用介绍
3. 应用番茄 App 进行主题研究

三、重难点分析

重点：番茄工作法内容及价值

重点突破策略：利用视频帮助学生理解番茄工作法的价值所在

难点：利用番茄工作法进行主题研究

难点化解策略：在实践中学习和总结

四、学习资源

1. 场地与设备

机房、物品存放架、多媒体教学设备、智能手机等

2. 工具与材料

彩笔、白板笔、彩色 A4 纸、磁钉、板刷

3. 教学资料

教材、课件、任务书、学习任务完成情况评价表

续表

五、教学实施过程				
教学环节（时间）	学习内容	师生活动	教学手段	教学方法
课前	探索影响专注力的因素 思考问题： 1. 为什么那么多青少年喜欢打“王者”？ 2. 一件事让人上瘾的背后有没有机制的设置？ 3. 观看视频《如何逼自己成为一个上进的人》，视频中介绍的上瘾机制是什么，对你的生活有帮助吗？	网络搜索视频《如何逼自己成为一个上进的人》，观看视频，思考上瘾机制是什么？	自主学习的意识	主动学习
新课导入（10分钟）	1. 根据课前问题，在课堂进行讨论 2. 对同学思考的结果进行分类 3. 将结果中自己觉得最有价值的点提取出来	教师：学生观看视频《如何逼自己成为一个上进的人》后回答问题：上瘾机制对学习有什么启示，怎么能让自己欲罢不能？ 学生：思考讨论，回答问题	同学们根据视频进行总结归纳	小组讨论法
环节一：心流体验（10分钟）	1. 阅读教材案例，许筝是如何学习编程的？他的方法有哪些值得借鉴的地方？ 2. 播放视频《安娜卡列尼娜》中关于割草的片段 3. 视频中的高峰体验可以用哪些关键词进行描述？	教师：播放视频《安娜卡列尼娜》中关于割草体验的片段 学生：观看视频，并加以体会	观看视频	讲授法

续表

教学环节（时间）	学习内容	师生活动	教学手段	教学方法
环节二：番茄工作法（15 分钟）	1. 阅读教材，番茄工作法的创始人是谁？ 2. 番茄工作法是什么？ 3. 如何使用番茄工作法？	教师：介绍帮助我们进入专注状态的方法，使用番茄工作法 活动：学生阅读教材和网络搜索查找番茄工作法的内容 小组分享：将搜索到的内容小组展示	学生通过自己阅读和搜索主动生成知识	展示法、讨论法
环节三：番茄工作法 App 应用介绍（15 分钟）	1. 在应用市场自行搜索番茄工作法相关的 App 2. 安装使用，了解该 App 的功能和使用方法 3. 通过比较选择出最合适的番茄工作法 App	教师：以 Forest 为例介绍番茄工作法类 App 的使用，及注意事项 学生：手机下载安装，建立项目标签	学生自己动手实践	讲授法、实际操作
环节四：进行主题研究（25 分钟）	1. 打开番茄工作法 App，试着在一个番茄钟内继续进行自己的主题研究 2. 将番茄钟的截图发在微信群 3. 分享自己的使用心得	活动：学生打开 App，先做一个番茄钟进行主题研究，并截图发在微信群	进行番茄钟体验	活动实践
总结和作业（5 分钟）	思考，如果用一年时间围绕一件事完成 1 000 个番茄钟，你会做什么	学生概括，教师进行系统总结 课后思考："如果接下来的一年积累 1 000 个番茄种，你准备怎么做？"	重新回顾课堂教学内容，让学生掌握本节课的重要方法	
课后	学习计划制定及继续进行主题研究	根据上课布置的作业，如果未来积累 1 000 个番茄钟，你准备做什么，计划是什么？将思考用文字的形式固定下来 继续进行自己的主题研究		

续表

六、学业评价
学习过程中的小组展示、同学们的课堂参与度、知识点掌握的全面性

第三课　提升学习的记忆力

教学设计

广州市工贸技师学院　阚元华

<table>
<tr><td>教学单元</td><td colspan="3">第四单元/第三课</td></tr>
<tr><td>教学主题</td><td>记忆力的提升</td><td>课时</td><td>2 课时</td></tr>
<tr><td colspan="4">一、教学目标</td></tr>
<tr><td colspan="4">情感态度价值观目标：能理解遗忘规律并在学习中应用
通用职业知识目标：了解影响记忆力的因素
通用职业能力目标：在学习中能够主动使用助记软件</td></tr>
<tr><td colspan="4">二、教学内容</td></tr>
<tr><td colspan="4">1. 记忆力的重要性及构成
2. 遗忘规律
3. 提高记忆力的方法
4. 助记软件的使用方法
5. 主题研究成果展示</td></tr>
<tr><td colspan="4">三、重难点分析</td></tr>
<tr><td colspan="4">重点：提高记忆力的方法
重点突破策略：让学生理解记忆力构成及记忆规律，从而主动思考，自己主动根据原则和规律去生成记忆的方法，同时也结合手机助记软件的使用加深理解
难点：遗忘规律
难点化解策略：先主动思考，小组进行讨论，学生自己解读之后，教师再进行点评</td></tr>
<tr><td colspan="4">四、学习资源</td></tr>
<tr><td colspan="4">1. 场地与设备
机房、物品存放架、多媒体教学设备、智能手机、张贴板（白板）等
2. 工具与材料
彩笔、白板笔、彩色 A4 纸、磁钉、板刷
3. 教学资料
教材、课件、任务书、学习任务完成情况评价表</td></tr>
</table>

续表

五、教学实施过程				
教学环节（时间）	学习内容	师生活动	教学手段	教学方法
课前	记忆力方法 1. 网络搜索效果比较好的记忆方法有哪些？ 2. 回顾自己的生活经验，哪些会影响一个人的记忆力？	搜索影响记忆力的因素有哪些？搜索至少3种以上的记忆方法	自主学习	任务驱动法
新课导入（5分钟）	1. 阅读教材樊登的案例，并思考他的学习方法有哪些可取之处？ 2. 自己日常的学习方法与他有什么不同的地方？	教师：请学生阅读教材樊登案例，回答他的学习方法好在什么地方？对记忆力提高有什么启示？ 学生：思考讨论，回答问题	同学们根据案例进行总结归纳	案例分析法，小组讨论法
环节一：记忆力的理论模型（10分钟）	1. 古希腊神话中记忆女神的地位 2. 记忆力的理论模型，区别是没储存、没记住？还是不能提取、忘得快？这两句话是否是相同的含义？ 3. 教师展示一元纸币的正面，请同学们回忆背面的图案是什么？ 4. 利用理论模型，分析课前案例（樊登案例），分析他学习效率高的原因是什么？	1. 教师让学生举例所知道的希腊神话中的神。引出记忆女神的重要性 2. 教师介绍记忆力的构成 3. 讨论：根据记忆力理论模型，分析案例中樊登的学习方法为什么有效？	通过希腊神话导入，引发学生的兴趣，同时也帮助学生思考神话背后的价值观	讨论法、分享、讲授法

续表

教学环节（时间）	学习内容	师生活动	教学手段	教学方法
环节二：遗忘规律（10 分钟）	1. 展示遗忘规律曲线，分析该曲线展示了哪些结果？ 2. 小组进行讨论，分享 3. 阅读教材，讨论遗忘规律在我们学习汽修专业知识的时候有哪些可以运用的地方？	1. 活动：观看遗忘曲线，得出哪些结论，小组汇报 2. 教师进行点评，讲解遗忘规律	学生通过自己阅读，主动生成知识	展示法、讨论法
环节三：提高记忆力的方法（15 分钟）	1. 根据记忆力模型，推导出可能的提高记忆力的方法 2. 阅读教材，讨论如何提高存储强度，有意义材料和无意义材料的记忆方法是否存在差别 3. 阅读教材，讨论如何提高提取强度，战胜遗忘 4. 讨论在日常汽修专业学习中如何使用	1. 活动：让各小组阅读教材中关于提高记忆力的方法，并画出思维导图，在全班进行展示 2. 教师点评和总结	将课本的文字进行可视化，学生自己输出知识，加深记忆	小组讨论法、讲授法
环节四：Anki 记忆软件介绍（10 分钟）	1. 阅读教材，思考艾宾浩斯遗忘曲线和 Anki 助记软件的关系 2. Anki 软件的来源 3. Anki 软件的下载 4. 安装 Anki 软件，摸索软件功能的使用方法 4. 将主题研究比较重要的内容放进 Anki 卡片中，试着做两张卡片 5. 将记忆力方法制作成两张 Anki 卡片	1. 活动：学生下载 Anki 软件 2. 教师讲授基本的操作方法 3. 活动：将遗忘规律和提高记忆力方法制作成至少两张卡片，并试着刷一次	通过实际操作加深对记忆规律的认识，并能在学习中善用利器	活动实践法

续表

教学环节（时间）	学习内容	师生活动	教学手段	教学方法
环节五：主题研究成果展示（25 分钟）	1. 每位同学准备的主题研究成果，做成课件 2. 在组内汇报自己的研究成果，并介绍自己是如何进行主题研究的？如何提高自己学习效率？有哪些好的方法？介绍自己使用番茄工作法和 Anki 软件的心得 3. 小组内选择一名优秀代表进行全班展示 4. 小组之间进行互评 5. 教师对学生主题研究成果、学习方法使用及工具使用进行总评	1. 本组内分享自己主题研究的内容与成果，并选一名优秀代表进行全班展示。介绍开展主题研究的过程中，是如何解决提升学习效率问题的？采取了哪些方法？有哪些成效？ 2. 小组间打分，点评 3. 教师点评	培养学生主动解决问题的意识，主动搜索资料，主动做专题研究，并能有效地输出	分享、展示法
总结和作业（5 分钟）	课堂作业：树立终身学习的意识，如何不断锤炼自己的学习力	学生概括，教师进行系统总结 请学生结合学习情况，写一篇对终身学习的认识的小论文，字数 500 字以上	对整个课程进行复盘，提炼出适合自己的学习方案	
课后		学生撰写一篇题目为《如何终身学习》的 500 字以上的小论文		
六、学业评价				
主题研究开展与分享评价表